AF229057

NOS MARTYRS

CATALOGUE

DES PÈRES ET FRÈRES DE LA COMPAGNIE DE JÉSUS,

QUI,

DANS LES FERS OU DANS LES TOURMENTS,

ONT SACRIFIÉ LEUR VIE POUR LEUR FOI OU LEUR VOCATION.

« Et... apprehensis servis Eius, alium ceciderunt, alium occiderunt, alium vero lapidaverunt » (Matth., xxi, 35)

« Filii Sanctorum sumus, et vitam illam expectamus quam Deus daturus est his qui fidem suam nunquam mutant ab Eo » (Tob., ii, 18).

PARIS

TYPOGRAPHIE M.-R. LEROY

185, RUE DE VANVES

1905

NOS MARTYRS

Si nous employons, en tête ou dans le cours de cet ouvrage, le terme de **Martyr***, nous n'entendons en aucune manière prévenir le jugement du Souverain Pontife, et nous déclarons au contraire nous soumettre humblement d'esprit et de cœur à toutes les ordonnances de la Sainte Église Romaine.*

NOS MARTYRS

CATALOGUE

DES PÈRES ET FRÈRES DE LA COMPAGNIE DE JÉSUS,

QUI,

DANS LES FERS OU DANS LES TOURMENTS,

ONT SACRIFIÉ LEUR VIE POUR LEUR FOI OU LEUR VOCATION.

« *Et... apprehensis servis Eius, alium ceciderunt, alium occiderunt, alium vero lapidaverunt* » (MATTH., XXI, 35)

« *Filii Sanctorum sumus, et vitam illam expectamus quam Deus daturus est his qui fidem suam nunquam mutant ab Eo* » (TOB., II, 18).

PARIS

TYPOGRAPHIE M.-R. LEROY

185, RUE DE VANVES

1905

Le présent travail forme la première partie d'un ensemble de recher-
ches historiques que nous espérons publier sous le titre de *Livre d'or
de la Compagnie de Jésus*, et dont le plan serait le suivant :

1re Partie : *Nos Martyrs :* catalogue des Pères et Frères de la Com-
pagnie de Jésus, qui, dans les fers ou dans les tourments, ont sacrifié
leur vie pour leur foi ou leur vocation.

2e Partie : *Victimes de la Charité :* Pères et Frères de la Compagnie
de Jésus morts de maladies contagieuses contractées au service des
malades.

3e Partie : *Victimes du Zèle apostolique :* Pères et Frères de la Com-
pagnie de Jésus qui ont sacrifié leur vie dans l'exercice d'un ministère
spirituel.

4e Partie : *Victimes de leur Dévouement :* Pères et Frères de la Compa-
gnie de Jésus qui ont sacrifié leur vie pour sauver leur prochain d'un
péril temporel.

Le Ménologe, certes, mentionne bon nombre de ces « Insignes »,
et leur groupement se trouve singulièrement facilité grâce aux nouvel-
les tables publiées par le R. P. J. Terrien.

Il est toutefois de nombreux héros dont nos historiens ou nos archi-
ves n'indiquent guère que le nom et le genre de mort, sans date par-
fois et sans détails. Le Ménologe ne pouvait établir leur notice.
Rechercher ces noms, les classer et les publier en indiquant les réfé-
rences principales, voilà ce qui nous a paru intéressant et utile : inté-
ressant, car si là ne se trouvent pas toutes nos gloires de famille, ces
noms en fournissent du moins un respectable contingent ; utile, car
la vue de tant d'héroïsme, éveillant en nos cœurs l'admiration, ne
peut que nous élever vers Dieu et nous lancer dans la grande voie
du dévouement.

On nous dira peut-être que les classifications adoptées risquent de n'être pas bien nettes ; nous convenons que, dans ces questions, la délimitation n'est pas sans difficulté : tout conseil, pouvant nous guider, tant sur ce point que sur d'autres, sera le bienvenu.

Il serait téméraire, en effet, d'entreprendre pareil travail, si nous ne comptions sur l'aide et l'obligeance fraternelle des Nôtres. Nous avons été déjà beaucoup aidés : grâce à la charité de plusieurs Pères, que nous tenons à remercier ici, le passé, sous ce rapport, nous répond de l'avenir.

Mais, afin de parvenir à un résultat plus complet, il nous a semblé bon d'employer la méthode suivante : nous publions aujourd'hui notre première partie ; nous comptons éditer de même, successivement et isolément, les autres parties dont nous avons déjà recueilli quelques éléments. Nous espérons que dans les intervalles de publication, les Pères et Frères qui, dans les diverses Provinces de la Compagnie, s'occupent actuellement de notre Histoire, voudront bien (et nous les en prions instamment) nous faire parvenir les additions, rectifications, et renseignements complémentaires qu'ils seraient à même de fournir aux listes déjà parues, ainsi que les éléments qu'ils jugeraient intéressants pour les listes à paraître.

Les différentes parties de notre première édition ainsi corrigées, nous pourrons, grâce au charitable concours des Nôtres, et si le bon Dieu nous prête vie, publier dans quelques années l'ouvrage définitif.

Quand nous disons « définitif », il est bien entendu que ce terme comporte une double réserve : réserve pour le passé, dont malgré toutes nos recherches, nous ne parviendrons jamais à sonder tous les trésors d'héroïsme (il en est que Dieu seul connaît et que la lumière du ciel seule nous révélera) — réserve pour l'avenir que les malheurs actuels promettent beau à la Compagnie, beau de dévouement, beau de souffrances, justifiant ainsi les vœux de notre Bienheureux Père et les promesses de Celui pour qui tout Jésuite désire la mort.

Jersey, 13 juillet 1905,
Fête de notre Bienheureux Père St Ignace.

Ignace Henri Dugout, S. J.

LISTE CHRONOLOGIQUE

Nous avons mis entre crochets [........] les noms des PP. ou FF. sur l'identité ou le genre de mort desquels il y a doute.

M. P.	Ménologe de Portugal	
M. E.	— d'Espagne	
M. F.	— de France	Edition des PP. de Guilhermy et Jacques Terrien.
M. G.	— de Germanie	
M. I.	— d'Italie	

C. S.   *Catalogus Sanctorum, Beatorum... S. J.* — Rome, 1901.

W. L.   *Woodstock Letters.*

P. P.   Auguste CARAYON, S. J. : *Les prisons de Pombal.* — Paris, 1865.

B.   Joseph BOERO, S. J. : *Les 205 Martyrs du Japon.* — Paris, 1868.

Z.   MGR ZALESKI : *Les Martyrs de l'Inde.* — Paris, 1900.

A. F.   *Archives de la Province de France.*

Pf.   Aloysius PFISTER, S. J. : *Catalogue des Martyrs S. J.* — Zikawei, 1882.

J. C.   Joseph CAEIRO, S. J. : *De Exilio Prov. Lusitanæ S. J.* (Cf. Catalog. Prov. Lusit. S. J. 1901).

Foley.   Henry FOLEY, S. J. : *Records of the English Province S. J.* — Londres, 1877-1883 [1].

Drews.   J. DREWS, S. J. : *Fasta S. J.* — Braunsberg, 1723.

---

[1]. Les Références que nous indiquons sous ce titre sont tirées des différentes parties des *English Records*, Pour plus de détails, consulter les volumes 6 et 7 (*Collectanea*) donnant de courtes biographies, la liste des Alias, etc... A ce propos, nous ferons remarquer que nous avons indiqué seulement les Alias principaux, capables de produire des confusions.

GÉNÉRALAT	NUMÉRO	DATE DU MARTYRE	NOM ET PRÉNOM	Prêtres	Scholastiques	Novices	Coadjuteurs	Portugais	Espagnols	Français	Anglais	Japonais	Italiens	Polonais	Allemands	Austr.-Hongr.	Divers (*)	NAISSANCE DATE	NAISSANCE LIEU
SAINT IGNACE	1	1549 7 fév. (a)	P. Criminale *Antoine*	1									1					1520 7 févr.	Sisa (*dioc. de Parme*)
	2	» 22 août	P. Ribeyro *Nuno*	1				1											Portugal
	3	1551 6 oct.	[P. Gonçalvès *Melchior*] (b)	1				1											»
	4	1552 4 mars (c)	P. do Valle *Paul*	1				1											Viseu (*Portugal*)
	5	» »	P. Mendez *Louis*	1				1											Portugal
	6	1554 24 déc.	Fr. de Corréa *Pierre*		1			1											»
	7	» » »	Fr. de Souza *Jean*				1	1											»
	8	» ? ?	Un Père inconnu	1				1											»
	9	» ? ?	Un Père inconnu	1				1											»
	10	1555 18 fév.	P. Fernandez *Emmanuel*	1				1											Tanger (*Maroc*)
	11	» ?	Un Père inconnu	1				1											Portugal
	12	» ?.	Un Frère coadj. inconnu				1										1		
	13	» ?	Un Frère coadj. inconnu				1										1		
LAYNEZ	14	1558 1er jan.	P. de Castro *Alphonse*	1				1											Lisbonne (*Portugal*)
	15	1561 15 mars	V. P. de Silveira *Gonzalve*	1				1										1526 23 févr.	Almeirim »
	16	1562 5 déc.	P. Gualdamès *André*	1					1									1516	Xérès de la Frontera (*Esp.*)
	17	1564 1er jan.	P. Peltier *Jean*	1						1									France
	18	» 19 oct.	P. Venusto *Pierre*	1									1					1523	Valteline
SAINT FRANÇOIS DE BORGIA	19	1566 28 sept.	P. Martinez *Pierre*	1					1									1533 15 oct.	Calda (*Espagne*)
	20	» ?	P. Ramirez *Pierre*	1				1											Portugal
	21	» ?	P. de Alcaras *Ferdinand*	1					1									1534	Tolède (*Espagne*)
	22	1568 29 oct.	P. Lopez *François*	1				1										1516	Almeirim (*Portugal*)
	23	» ?	Fr. Carvalho *Jacques*		1			1											»
	24	» ?	Fr. Lobo *Emmanuel*		1			1											Evora »
	25	1569 ?	[P. Phaé *Pierre*]	1													1		
	26	1570 15 juil.	B. P. de Azevedo *Ignace*	1				1										1527	Porto (*Portugal*)
	27	» »	B. P. Andrada *Jacques*	1				1										1530	Petrozao »
	28	» »	B. Fr. Suarez *Antoine*		1			1										1543	»
	29	» »	B. Fr. de Castro *Benoît*		1			1										1543	Cacimo »
	30	» »	B. Fr. de Magalhaes *François*		1			1											Alcasar do Sul (*Port.*)
	31	» »	B. Fr. Fernandez *Jean*		1			1											Lisbonne (*Portugal*)
	32	» »	B. Fr. Corréa *Louis*		1			1											Evora »
	33	» »	B. Fr. Rodriguez *Emmanuel*		1			1											Alcouchete »
	34	» »	B. Fr. Lopez *Simon*		1			1											Orem »
				21	10	-	3	25	3	1	-	-	2	-	-	-	3		

NUMÉRO	ENTRÉE DATE	ENTRÉE PROVINCE	MARTYRE DÉTAILS	MARTYRE LIEU	RÉFÉRENCES
1	1539		à coups de lances et décapité	Ménancor (*côte de la Pêcherie*)	M. I. I. 622. — Z. 90.
2	1543 1er août	Portugal	empoisonné	Amboine (*Moluques*)	M. P. II. 164.
3	1546 25 avril	»	»	Baçaïm (*Indes*)	M. P. II. 310.
4	1547 6 nov.	»	des suites de blessures	Punicaël (*Indes*)	M. P. I. 218.
5	1548	»	décapité par les Badages	cap Comorin (*Indes*)	M. P. I. 219. — Z. 96.
6	1549	Brésil	à coups de flèches	chez les Carriges (*Brésil*)	M. P. II. 472.
7		»		» »	M. P. II. 472.
8			lapidé	île Salsette (*Indes*)	Tanner : S. J. militans. p. 222.
9			»	» »	» » »
10	1542	Portugal	assas. par ordre d'un mauv. prêtre	Evora (*Portugal*)	M. P. I. 174.
11			à coup de lances	cap Comorin (*Indes*)	Tanner : S. J. militans. p. 224.
12			massacré par les Indiens	Brésil	» » p. 441.
13			»	» »	» » »
14			crucifié, flagellé, décapité	île Irez, près Ternate (*Moluques*)	M. P. I. 1.
15	1543 9 juin	Portugal	étranglé	Zimbaoé (*Monomotapa*)	M. P. I. 259.
16	1555 24 sept.	»	à coup de lances par les Turcs	Massaouah (*Mer rouge*)	M. E. II. 276.
17		France	empoisonné par les hérétiques	Toulouse (*France*)	M. F. I. 1.
18	1546		assassiné par un mauvais prêtre	Bivona (*Sicile*)	M. I. II. 414. — Tanner. S. J.
19	1553 13 oct.		massacré par les Indiens	Floride	M. E. III. 148. [mil. p. 3.]
20			massacré par des pirates chinois	côtes de Chine	M. E. I. 487..
21	1558		» » »	»	»
22	1546	Portugal	à coups de lances et noyé	côte Malabar (*Indes*)	M. P. II. 374. — Z. 129.
23	1557 27 déc.	»	» »	» »	» »
24		»	» »	» »	» »
25			emprisonné	Elbing	Pf. (d)
26		Portugal	massacré et jeté à la mer	près Palma (*Canaries*)	M. P. II. 39. (e)
27		»	»	»	»
28		»	»	»	»
29	1561	»	»	»	»
30	1561	»	»	»	»
31		»	»	»	»
32		»	»	»	»
33		»	»	»	»
34	1568	»	»	»	»

(*) Nous avons mis dans cette colonne les PP. et FF. dont la Nationalité ne nous était pas connue ou comprenait, au total, moins de 20 martyrs. En voir le détail à la page .

(a) Le Ménologe porte : « dans les derniers jours de mai ». ALEGAMBE (*Mortes illustres*) et DREWS, le 7 février.

(b) Il semble douteux : a) que le P. Melchior Gonçalvès ait succombé à l'empoisonnement de 1549. b) qu'il n'ait pas été renvoyé, plus tard, de la Compagnie. — Consulter : CROS, S. J.: *Saint François de Xavier* (Paris-Toulouse, 1900) t. I, p. 389...; Cf. t. II, 212 et 217 ; et la *Vie de saint François Xavier* (en préparation) par le P. Alexandre BROU, S.J.

(c) Alias : 5 février, 10 janvier.

(d) SACCHINI, *Hist.* S. J. pars III*, Rome 1649), à l'année 1568. « Paralysi sive naturali causa, sive Hereticorum arte corripitur ». (p. 189).

(e) P. de BEAUVAIS, S. J.: *Les 40 martyrs* (Bruxelles, 1854).

GÉNÉRALAT	NUMÉRO	DATE DU MARTYRE	NOM ET PRÉNOM	Prêtres	Scholastiques	Novices	Coadjuteurs	Portugais	Espagnols	Français	Anglais	Japonais	Italiens	Polonais	Allemands	Austr.-Hongr.	Divers	NAISSANCE DATE	NAISSANCE LIEU
			Report	21	10	-	3	25	3	1	'	-	2	-	-	-	3		
SAINT FRANÇOIS DE BORGIA	35	1570 15 juill.	B. Fr. Fernandez *Emmanuel*		1			1											Celorico (*Portugal*)
	36	»	B. Fr. Mendès *Alvare*		1			1											Elvas »
	37	» »	B. Fr. Nunez *Pierre*		1			1											Fonteira »
	38	» »	B. Fr. Gonzalvez *André*		1			1											Fiana »
	39	» »	B. Fr. de San-Martin *Jean*		1				1										Tolède (*Espagne*)
	40	» »	B. Fr. Henriquez *Gonzalve*			1		1											Porto (*Portugal*)
	41	» »	B. Fr. Perez *Diego*			1		1											Nissa »
	42	» »	B. Fr. Sanchez *Fernand*			1			1										Castille (*Espagne*)
	43	» »	B. Fr. Perez-Godoi *François*			1			1										Torrijos »
	44	» »	B. Fr. Corréa *Antoine*			1		1										1555	Porto (*Portugal*)
	45	» »	B. Fr. Pacheco *Emmanuel*			1		1											Zeita »
	46	» »	B. Fr. Diniz *Nicolas*			1		1										1553	Bragance »
	47	» »	B. Fr. Delgado *Alexis*			1		1										1556	Elvas »
	48	» »	B. Fr. Caldeyra *Marc*			1		1											Feira »
	49	» »	B. Fr. de San-Juan *Joanin*			1		1										1557	Porto »
	50	» »	B. Fr. Alvaréz *Emmanuel*				1	1											Evora »
	51	» »	B. Fr. Alvaréz *François*				1											1	Cavillaô (*Canaries*)
	52	» »	B. Fr. Fernandez *Dominique*				1	1											Villaviciosa (*Portugal*)
	53	» »	B. Fr. Alvarez *Gaspard*				1	1											Porto »
	54	» »	B. Fr. Vaz *Aymar*				1	1											» »
	55	» »	B. Fr. de Mayorga *Jean*				1		1									1533	S. J. Pied-de-Port, *Nav.*
	56	» »	B. Fr. de Vaena *Alonzo*				1		1									1537	Tolède (*Espagne*)
	57	» »	B. Fr. Fernandez *Antoine*				1	1											Montemayor (*Port.*)
	58	» »	B. Fr. Fontaura *Pierre*				1	1											Braga (*Portugal*)
	59	» »	B. Fr. Escribano *Grégoire*				1		1										Logrono (*Espagne*)
	60	» »	B. Fr. Zuraïre *Etienne*				1		1										*Espagne*
	61	» »	B. Fr. de Zafra *Jean*				1		1										Tolède (*Espagne*)
	62	» »	B. Fr. de Baeza *Jean*				1		1										*Espagne*
	63	» »	B. Fr. Ribeira *Blaise*				1	1											Braga (*Portugal*)
	64	» »	B. Fr. Fernandez *Jean*				1	1											» »
	65	» »	B. Fr. d'Acosta *Simon*				1	1										1552	Porto »
	66	1571 4 février	P. de Quiros *Louis*	1					1										*Espagne*
	67	» »	Fr. de Solis *Gabriel*			1			1										»
				22	15	11	19	46	14	1	-	-	2	-	-	-	4		

NUMÉRO	ENTRÉE DANS LA COMPAGNIE DATE	PROVINCE	MARTYRE DÉTAILS	MARTYRE LIEU	RÉFÉRENCES
35		Portugal	massacré et jeté à la mer	près Palma (*Canaries*)	M. P. II. 39.
36		»	» »	» »	»
37		»	» »	» »	»
38		»	» »	» »	«
39		Castille	» »	» »	M. E. II. 374.
40		Portugal	» »	» »	M. P. II. 39.
41		»	» »	» »	»
42		Castille	» »	» »	M. E. II. 374.
43		Portugal	» »	» »	»
44		»	» »	» »	M. P. II. 39.
45		»	» »	» »	»
46		»	» »	» »	»
47		»	» »	» »	»
48		»	» »	» »	»
49		»	» »	» »	»
50	1555	»	» »	» »	»
51		»	» »	» »	»
52		»	» »	» »	»
53		»	» »	» »	»
54		»	» »	» »	»
55		Castille	» »	» »	M. E. II. 374.
56	1567	»	» »	» »	»
57		Portugal	» »	» »	M. P. II. 39.
58		»	» »	» »	»
59		Castille	» »	» »	M. E. II. 374.
60		»	» »	» »	»
61		»	» »	» »	»
62		»	» »	» »	»
63		Portugal	» »	» »	M. P. II. 39.
64		»	» »	» »	»
65		»	» »	» »	»
66			massacré par les sauvages	à la Floride	M. E. I. 227.
67		»	» »	» »	»

GÉNÉRALAT	NUMÉRO	DATE DU MARTYRE	NOM ET PRÉNOM	Prêtres	Scholastiques	Novices	Coadjuteurs	Portugais	Espagnols	Français	Anglais	Japonais	Italiens	Polonais	Allemands	Austr.-Hongr.	Divers	NAISSANCE DATE	NAISSANCE LIEU
			Report	22	15	11	19	46	14	1	-	-	2	-	-	-	4		
SAINT FRANÇOIS DE BORGIA	68	1571 4 février	Fr. Mendez Jean-Baptiste			1			1										Espagne
	69	1571 8 février	P. de Segura Jean-Baptiste	1					1										Tolède (Espagne)
	70	» »	Fr. Gomez Gabriel			1			1										»
	71	» »	Fr. de Linarés Pierre			1			1										»
	72	» »	Fr. de Zavallos Sanche			1			1										»
	73	» »	Fr. Redondo Christophe			1			1										»
	74	» 13 sept.	V. P. Dias Pierre	1				1										1526	Villa de Aruda (Port.)
	75	» »	V. P. de Castro François	1				1											» »
	76	» »	V. Fr. Goés Gaspard		1			1											Montemolim »
	77	» »	V. Fr. Aragonez Michel		1				1										Guisona (Catalogne)
	78	» »	V. Fr. Paulo François			1		1											Montemolim (Portugal)
	79	» 14 sept.	V. Fr. Fernandez Alphonse		1			1											Viana »
	80	» »	V. Fr. Alvarez Jean		1			1											Estreito »
	81	» »	V. Fr. Paës André		1			1											Porto »
	82	» »	V. Fr. Dias Pierre		1			1											Viseu »
	83	» »	V. Fr. Alvarez Ferdinand				1	1											Viseu »
	84	» »	V. Fr. Carvalho Jacques				1	1											Tondela »
	85	» »	V. Fr. Fernandez Pierre				1[b]	1											Souto »
EV. MERCURIAN	86	1573 21 fév.	P. Guttierez Martin	1					1									1524	Almodovar (Espagne)
	87	» 19 juin	B. P. Woodhouse Thomas	1							1								Angleterre
	88	» 20 oct.	P. Schorich Georges	1											1				Andernach (Westphal.)
	89	» ?	P. d'Olmeida Jérôme	1				1											Portugal
	90	1574 22 mai	P. de Cardoso Gonzalve	1				1											Souto (Portugal)
	91	1577 22 nov.	Fr. Zebroswki Thomas			1								1					Pologne (?)
	92	1578 3 fév.	B. P. Nelson Jean	1							1								Skelton (York) (Angl.)
	93	» 4 août	P. de Serpa Maurice	1				1											Viana (Portugal)
	94	1579 14 mars	P. Lopez Antoine	1					1									1553	Espagne
	95	1580 30 janv.	P. O'Donnell Edmond	1							1								Limerick (Irlande)
	96	» 24 sept.	P. Fernandès Georges	1				1										1547	Lisbonne (Portugal)
	97	» »	P. de Amaral Gomez	1				1										1542	Viseu »
G. AQUAVIVA	98	1581 1er déc.	B. P. Campian Edmond	1							1							1539 25 janv.	Londres (Angleterre)
	99	» »	B. P. Briant Alexandre	1							1							1553	Somersetshire »
	100	1582 30 mai	B. P. Cottam Thomas	1							1							1549	Lancashire »
				39	21	17	23	62	23	1	6	-	2	1	1	-	4		

[a] P. de BEAUVAIS, S. J. : *Les 40 Martyrs* (Bruxelles, 1854, p. 191.)
[b] Novice Coadjuteur.

NUMÉRO	ENTRÉE DANS LA COMPAGNIE — DATE	PROVINCE	MARTYRE — DÉTAILS	MARTYRE — LIEU	RÉFÉRENCES
68			massacré	à la Floride	M. E. I. 227.
69	1556		»	»	M. E. I. 250
70			»	»	»
71			»	»	»
72			»	»	»
73			»	»	»
74	1548	Portugal	massacré et jeté à la mer	entre les Canaries et les Açores	M. P. II. 229. [a]
75	1561	»	»	»	»
76		»	»	»	»
77	1567 26 août	Aragon	»	»	M. E. III. 68.
78		Portugal	»	»	M. P. II. 229.
79		»	»	»	M. P. II. 232.
80		»	»	»	»
81		»	»	»	»
82		»	»	»	»
83		»	»	»	»
84		»	»	»	»
85		»	»	»	»
86	1550	Espagne	assassiné par les hérétiques	Cardillac (Gascogne)	M. E. I. 319.
87	1573	Angleterre [c]	pendu, écartelé	Londres (Angleterre)	C. S. p. 28.
88			empoisonné	Baden (Allemagne)	M. G. A. II. 312.
89		Portugal (?)	à coups de flèches	aux Moluques	Sacchino IV. p. 25. [d]
90		» (?)	à coups de lances	près Dembéa (Ethiopie)	M. P. I. 468.
91				Plock	Pf.
92		Angleterre	pendu, écartelé	Londres (Angleterre)	C. S. p. 28.
93	1547 31 mai	Portugal	à coups de cimeterres	Alcazar-Kébir (Maroc)	M. P. II. 105.
94	1573	Bétique	massacré par des Maures	près Grenade (Espagne)	M. E. I. 428.
95		Angleterre	pendu, écartelé	Cork (Irlande)	M. G. B. I. 125.
96	1562	Portugal	massacré par des sauvages	Zaëm, Amboîne (Moluques)	M. P. II. 287.
97	1560 20 juin	»	»	»	»
98	1575	Angleterre	pendu, écartelé	Londres (Angleterre)	M. G. B. II. 475. [e]
99	1581	»	»	» [e]	» [e]
100	1579 8 avril	»	»	» »	M. G. B. I. 540. [e]

[c] Mission en 1580, Vice-Province en 1619, Province en 1623.
[d] F. SACCHINI, S. J. : *Hist. S. J.* pars IV, (Rome, 1652.)
[e] W. VAN NIEUWENHOFF, S. J. : *B. E. Campion* (Lille, 1896, Desclée) Trad.

GÉNÉRALAT : CLAUDE AQUAVIVA

Généralat	Numéro	Date du martyre	Nom et prénom	Prêtres	Scolastiques	Novices	Coadjuteurs	Portugais	Espagnols	Français	Anglais	Japonais	Italiens	Polonais	Allemands	Austr.-Hongr.	Divers	Naissance Date	Naissance Lieu
			Report :	39	21	17	23	62	23	1	6	–	2	1	1	–	4		
CLAUDE AQUAVIVA	101	1582 22 Juill.	[P. Lacy *William*] (a)	1							1								Lancashire (*Anglet.*)
	102	1583 7 janv.	P. de Mascahenras *Pierre*	1				1										1528	Viseu (*Portugal*)
	103	» 15 juill.	B. P. Aquaviva *Rodolphe* (b)	1									1					1550 2 oct.	Atri (*Italie*)
	104	» » »	B. P. Pacheco *Alphonse*	1					1									1551	Minaya (*Espagne*)
	105	» » »	B. P. Francisco *Antoine*	1				1										1553	Coïmbre (*Portugal*)
	106	1583 » »	B. P. Berna *Pierre*	1									1					1552	Ascona (*Lombardie*)
	107	» » »	B. Fr. Aranha *François*				1	1										1555	Braga (*Portugal*)
	108	1584 18 févr.	P. de Gouvéa *Louis*	1				1										1526	Coïmbre »
	109	1585 1er févr.	P. Cardim *Laurent*	1				1											Viana »
	110	1587 (fin)	Fr. Damien .... (c)		1							1							Xicugen (*Japon*)
	111	»	Fr. Xiqui *Thomas*		1							1							»
	112	»	Fr. Vaz *Jérôme*				1	1											*Portugal*
	113	1588 16 oct.	Fr. Biler *Richard*			1											1		*Hollande*
	114	» »	Fr. Sepp *Jacques* (d)			1											1		»
	115	1590 5 août	P. Carrion *François*	1					1									1552	Medina d. Campo (*Esp.*)
	116	» 25 nov.	P. Alvrès *Louis*	1				1										1561	Lisbonne (*Portugal*)
	117	1592 5 mars	P. Carvalhal *Georges*	1				1										1550	Viseu »
	118	» 28 juin	P. Mettam *Thomas*	1							1							1532	*Angleterre*
	119	1593 7 févr.	P. Salez *Jacques* (e)	1						1								1556	Lazou (*Auvergne*)
	120	» » »	Fr. Saultemouche *Guillaume*				1			1									*Auvergne*
	121	» 30 avr.	P. Furnaletti *Joseph*	1									1					1549	Venise (*Italie*)
	122	» 5 mai	P. Mantels *Théodore*	1													1	1560	Tongres (*Belgique*)
	123	1594 26 févr.	P. Lelezri *Jean*	1												1		1544	Varadin (*Hongrie*)
	124	» 4 juill.	V. P. Cornell *Jean* (f)	1							1							1557	Bodmin (*Cornouailles*)
	125	» 10 »	P. de Tapia *Gonzalve*	1					1									1560	Léon (*Espagne*)
	126	vers 1594	Un Père inconnu	1													1		
	127	»	»	1													1		
	128	1595 7 janv.	P. Guignard *Jean*	1						1									*France*
	129	» 21 févr. (j)	V. P. Southwell *Robert*	1							1							1560	Horsham, Suffolk(*Angl.*)
	130	» 17 avr.	V. P. Walpole *Henry*	1							1							1559	Norfolk (*Angleterre*)
	131	» 4 (?) mai	P. George *Abraham*	1													1	1563	Alep (*Syrie*)
	132	» 25 août	P. Brillmacher *Pierre-Michel*	1											1			1542	Cologne (*Allemagne*)
	133	» ?	P. Montagne *Nicolas*	1													1		*Belgique*
				65	23	19	26	70	26	4	11	2	5	1	2	1	11		

(a) A. Possoz, S. J. : *Edmond Campian* (Paris. Douniol, 1850, p. 323. (27 août).

(b) P. Suau, S. J. : *R. d'Aquaviva...* (Desclée, Lille). En réalité, le martyre eut lieu le 25 juillet (nouveau style).

(c) Nous n'avons pas hésité, suivant en cela l'exemple de nos anciens historiens, à compter comme Martyrs les membres de la Compagnie qui, restés au Japon et en Angleterre malgré les édits de proscription, poursuivis, traqués, succombèrent dans d'héroïques souffrances voulues par leurs persécuteurs.

(d) Nom latinisé : Soppius.

(e) Alias : de Sales. — F. Tournier, S. J. : *Le P. Jacques Salez et son Compagnon, Martyrs de l'Eucharistie* (Études, 20 juin 1905, p. 119).

Numéro	Entrée Date	Entrée Province	Martyre Détail	Martyre Lieu	Références	Numéro
101		Angleterre	pendu, écartelé	York (*Angleterre*)	Alegambe. Mort. ill. p. 152.	101
102	1558	Indes	empoisonné	île Manade, (*Célèbes*)	M. P. I. 24.	102
103	1568 2 avril	Rome	à coups de lance	Salsette (*Indes*)	M. I. II. 57. — Z. 144.	103
104	1566 8 sept.	Tolède	»	»	M. E. II. 376. »	104
105	1571	Portugal	»	»	M. P. II. 41. »	105
106	1571	Rome	»	»	M. I. II. 57.	106
107	1571 1er nov.	Indes	»	»	M. P. II. 41.	107
108	1552		empoisonné	Cochin (*Indes*)	» 153. — Z. 154.	108
109	1571 25 juill.	Portugal	massacré en mer	Côtes de Portugal	M. P. I. 107.	109
110		Indes	traqué et mort de misère	Nagasaki (*Japon*)	M. P. II. 547.	110
111			» » »	»	»	111
112		Portugal	» » »	»	»	112
113	1587		tué par des hérétiques	près Trèves (*Allemagne*)	M. G. B. II. 327.	113
114	1587		» »	»	»	114
115	1571		empoisonné	Iquisuki (*Japon*)	M. E. II. 595.	115
116		Portugal	» par les Juifs	Aviz (*Portugal*)	M. P. II. 475.	116
117	1568 mai	»	»	Iquisuki (*Japon*)	M. P. II. 153.	117
118	1579 4 mai	Angleterre	en prison	Wisbeach (*Angleterre*)	M. G. B. I. 630.	118
119	1573 1er nov.	France	massacré par les calvinistes	Aubenas (*Languedoc*)	M. F. I. 204.	119
120	1581	»	»	»	»	120
121	1571	Lombardie	empoisonné	Arima (*Japon*)	M. I. I. 505.	121
122	1578	Belgique	»	» (g)	M. G. B. I. 393.	122
123	1566	Autriche	»	Lorette (*Italie*)	M. G. A. I. 182. (h)	123
124	1580 1er avr.	Angleterre	pendu	Dorchester (*Angleterre*)	M. G. B. II. 7.	124
125	1576	Castille	à coups de hache	Sinaloa (*Mexique*)	M. E. II. 356.	125
126		»	empoisonné	Japon	*Boero*, S. J. Les Saints Japonais	126
127		»	»	»	[p. 104.]	127
128		France	étranglé, brûlé	Paris (*France*)	M. F. I. 33.	128
129	1578 17 oct.	Angleterre	torturé, pendu	Londres (*Angleterre*)	M. G. B. I. 253.	129
130	1585 4 févr.	»	décapité	»	M. G. B. I. 415 (k)	130
131	1583 26 déc.	Rome	»	Massaouah (*Mer rouge*)	M. P. I. 411.	131
132	1558	Germanie	empoisonné	Mayence (*Allemagne*)	M. G. A. II. 149. [p. 260.]	132
133		»	mass. par des soldats hérétiques	*Belgique*	Jouvency. Hist. S. J. pars 5. l. 14.	133

(f) Alias : Liège.

(g) Mort à Malacca (Indo-Chine).

(h) Le Ménologe ne parle pas d'empoisonnement. Cf. Tanner : S. J. *Militans*, p. 26-27. — Alegambe. *Mort. illust.*, p. 164.

(i) Alias Mac-Mahon.

(j) Ménologe : 3 mars (nouveau style). — A. Possoz, S.-J. : *Vie du P. Robert Southwell* (Paris, Douniol, 1866.)

(k) A. Possoz, S.-J. : *Vie du P. Henry Walpole* (Tournai, Castermann, 1869).

GÉNÉRALAT	NUMÉRO	DATE DU MARTYRE	NOM ET PRÉNOM	DEGRÉ				NATIONALITÉ										NAISSANCE	
				Prêtres	Scholastiques	Novices	Coadjuteurs	Portugais	Espagnols	Français	Anglais	Japonais	Italiens	Polonais	Allemands	Austr.-Hongr.	Divers	DATE	LIEU
			Report :	65	23	19	26	70	26	4	11	2	5	1	2	1	11		
CLAUDE AQUAVIVA	134	1596 24 mai	P. Sager *Charles*	1						1									Beauvais (*France*)
	135	» 23 juill.	P. Lopez *Antoine*	1					1									1543	Ségovie (*Espagne*)
	136	1597 5 févr.	S. Fr. Miki *Paul*		1							1						1564	Ava (*Japon*)
	137	» »	S. Fr. Soan *Jean ou de Goto*			1						1						1578	Goto (*Japon*)
	138	» »	S. F. Kisaï *Jacques*				1					1						1533	Bingen »
	139	» 28 août	P. de Urréa *Michel*	1					1									1555	Fuentès (*Tolède*) Esp.
	140	1598 18 févr.	R. D. Martinez *Pierre*	1				1											Portugal
	141	» 30 sept.	P. Laterna *Martin*	1										1				1553	Drohobicz (*Galicie*)
	142	vers 1600	[P. Monclaro *François*]	1				1											Portugal
	143	»	[P. Lopez *Etienne*]	1				1											»
	144	1600 2 juill.	P. Buzelin *Pierre*	1													1	1563	Cambrai (*Flandre*)
	145	» »	P. Von Kampen *Othon*	1													1	1559	Camps »
	146	» »	P. Everard *Laurent*	1													1	1567	Bois-le-Duc (*Pays-Bas*)
	147	1601 23 févr.	P. Gonzalez *Alphonse.*	1					1									1546	Galice (*Espagne*)
	148	» 27 »	V. P. Filcock *Roger*	1							1								Sandwich, Kent (*Angl.*)
	149	» 31 mars	V. P. Middleton *Robert*			1					1							1571	York (*Angleterre*)
	150	» 14 juin	P. Spotek *Christophe*	1										1				1561	Zagorof (*Samogitie*)
	151	» » »	Fr. Estko *Jean*				1							1				1558	Pologne
	152	» 28 »	Fr. Vitriar *Mathieu*				1							1				1578	Lithuanie
	153	» » »	Fr. Krzywowanziewicz *Nicolas*				1							1				1565	»
	154	» 5 oct.	P. de Madureyra *Jean*	1				1											Porto (*Portugal*)
	155	1602 29 avril	V. P. Page *François*	1							1								Harrow, Middlesex (*Ang.*)
	156	» 31 oct.	Fr. O'Colan *Dominique* (b)				1				1							1567	Youghal (*Irlande*)
	157	» 14 nov.	P. Fernandez *François*	1					1									1547	Huerta, p. Tolède (*Esp.*)
	158	1603 19 avril	P. Leyte *Gonzalve*	1				1										1545	Bragance (*Portugal*)
	159	» 9 juin	Fr. Néri *Emmanuel*				1						1					1575	Piémont
	160	1604 2 mars	[Fr. Emerson *Rodolphe*]				1				1								Angleterre
	161	» 20 avril	P. Mardt *Michel*	1												1			Autriche
	162	1606 2 févr.	[P. da Cruz *Gabriel*]	1													1		»
	163	» 31 mars	Fr. Miz ou Martinez *François*		1												1	1573	Macao (*Chine*)
	164	» 7 avril	V. P. Oldcorne *Edouard*	1							1							1561	Yorkshire (*Angleterre*)
	165	» »	V. Fr. Ashley *Rodolphe*				1				1								Angleterre
	166	» 28 »	Fr. Alvrès *Vincent*		1			1										1577	Evora (*Portugal*)
				85	26	21	34	76	30	5	18	5	6	6	2	2	16		

NUMÉRO	ENTRÉE DANS LA COMPAGNIE — DATE	MARTYRE — PROVINCE	MARTYRE — DÉTAILS	MARTYRE — LIEU	RÉFÉRENCES
134	1541		empoisonné par des hérétiques	Tournon (*France*)	M. F. I. 670.
135	1564	Bétique	»	Pérou	M. E. II. 422.
136	1586 août	Indes	crucifié	Nagasaki (*Japon*)	M. P. I. 120. *Boero* : S. J. : les
137	1597	»	»	» »	» [saints Japonais]
138	1596	»	»	» »	»
139	1577	Tolède	à c. de hache par les Chunchos	Pérou	M. E. II. 616.
140		Portugal	chassé du Japon, épuisé	Malacca (*Indo-Chine*)	Drews. 66.
141	1570 10 mai	Pologne	noyé par des hérétiques suédois	mer Baltique	M. G. B. II. 281 (a).
142		Portugal	empoisonné (?)	Monomotapa (*Cafrerie*)	M. P. II. 244.
143			»	» »	»
144	1585	Gaule-Belg.	à coups de fusils	Ostende (*Belgique*)	M. G. B. II. 4.
145	1584	»	»	» »	»
146	1587	»	»	» »	»
147	1564		en sortant de prison	Japon	Bartoli : Giappone II. 361.
148	1600	Angleterre	pendu écartelé	Londres (*Angleterre*)	M. G. B. I. 240.
149	1600	»	»	Lancaster »	C. S. 1901, p. 30.
150	1588	Pologne	en prison	Stockholm (*Suède*)	M. G. B. I. 580.
151	1593	»	»	» »	»
152	1598	»	»	» »	»
153		»	»	» »	»
154		Portugal	à fond de cale d'un corsaire angl.	Côtes de Galice (*Espagne*)	M. P. II. 304.
155	1601	Angleterre	pendu	Londres (*Angleterre*)	M. G. B. I. 452.
156	1598 8 déc.	»	pendu, écartelé	Cork (*Irlande*)	M. G. B. II. 381.
157	1570 20 mars	Tolède	en prison	Chattigan, Aracan (*Birmanie*)	M. E. III. 386. — Z. 176. — Drews.
158		Portugal	empoisonné	Lisbonne (*Portugal*)	M. P. I. 367. [p. 446.]
159	1601 2 fév.	Rome	à coups de haches	Coloswar (*Transylvanie*)	M. I. I. 656.
160		Angleterre	d'une paralysie contractée en pr.	Saint-Omer (*France*) (c)	Foley : Collectanea. 1re part., p. 160
161		Autriche	noyé par des hérétiques	Akerman (*Hongrie*)	Jouvency. (d) p. 115. [LXV]
162				Ternate (*Moluques*)	Pf. (e).
163	1591	Indes	à la suite de tortures	Canton (*Chine*)	M. P. I. 305.
164	1587 15 août	Angleterre	torturé, pendu	Worcester (*Angleterre*)	M. G. B. I. 378.
165	1590 (?)	»	»	» »	Foley, série XII, p. 866.
166	1595	Portugal	décapité en mer par musulmans	Dabul (*Indes*)	M. P. I. 392. — Z. 181.

(a) Cf. G. DRUSBICKI, S. J. : *Vita R. P. Alberti Mencinski* (Metz 1858) Suppl. Appendice.
(b) Alias : Collins.
(c) « Paulo postquam in hanc urbem generosus exul advenisset » : J. JOUVENCY, S. J. : *Hist., S. J.,* Pars V (Rome 1710), p. 157.

(d) J. JOUVENCY, S. J. : *Hist. S. J.,* Pars V. (Rome 1710).
(e) JOUVENCY (*Hist. S. J.,* pars V, p. 683) parle du P. da Cruz, mais sans allusion au martyre.

18

GÉNÉRALAT : CLAUDE AQUAVIVA

NUMÉRO	DATE DU MARTYRE	NOM ET PRÉNOM	Prêtres	Scholastiques	Novices	Coadjuteurs	Portugais	Espagnols	Français	Anglais	Japonais	Italiens	Polonais	Allemands	Austr.-Hongr.	Divers	NAISSANCE Date	NAISSANCE Lieu
		Report :	85	26	21	34	76	30	5	18	5	6	6	2	2	16		
167	1606 29 avril	P. d'Abreu *Jean*	1				1											Evora (*Portugal*)
168	» » »	Fr. Pereira *Blaise*				1	1											» »
169	» 3 mai	P. Garnett *Henry*	1							1							1555	Nottingham (*Angl.*)
170	» 12 nov.	V. Fr. Owen (Odoën) *Nicolas*				1				1								»
171	1608 11 janv.	P. Pinto *François*	1				1										1552	Angra (*Açores*)
172	» 23 juin	V. P. Garnett *Thomas*	1							1							1574	Londres (*Angleterre*)
173	» déc.	Fr. Sansaloni *Michel*			1 (a)											1		
174	» »	Un Frère inconnu			1 (a)											1		
175	1611 5 mars	P. Ferraz *Gaspard*	1				1											*Portugal*
176	» 18 »	P. Ferrer *Raphaël*	1					1									1566	près Valence (*Esp.*)
177	» ?	P. Barreto *Ruiz*	1				1										1551	Moura (*Portugal*)
178	» ?	P. Gonzalvez *Diego*	1													1	1574	Tanger (*Maroc*)
179	» ?	P. Abreu *Antoine*	1				1										1579	Terras-Novas (*Port.*)
180	» ?	P. Antunès *Siméon*	1				1										1580	Marechia »
181	» ?	P. Alberto *Jean*	1				1										1581	Lisbonne »
182	» ?	Fr. Pinto *Emmanuel*				1	1										1585	Porto (*Portugal*)
183	» ?	Fr. Costa *Antoine*				1	1										1589	Lisbonne »
184	» ?	Fr. Mendès *Dominique*				1	1											*Portugal*
185	» ?	P. Bebuis	1													1		
186	1612 14 déc.	P. de Aranda-Valdivia *Mart.*	1													1	1561	Villarica (*Chili*)
187	» » »	P. de' Vecchi *Horace*	1									1					1577	Sienne (*Italie*)
188	» » »	Fr. de Montalvan *Jacques*				(c)										1		Mexico (*Mexique*)
189	1613 ?	Fr. du Thet *Gilbert*		1					1									*France*
190	1614 18 juin	Un Frère inconnu				1					1							*Japon*
191	» 4 nov.	P. de Mesquita *Jacques*	1				1										1558	Mejamfrio (*Portugal*)
192	» 22 »	Fr. Cundo *Soter*				1					1							*Japon*
193	» 28 »	P. Critana *Antoine-François*	1					1									1550	Almodovar del Campo
194	1615 20 janv.	Fr. Taïcicu *François*				1					1						1574	Pingo (*Japon*) [*Esp.*]
195	» 22 »	P. Kostynski *Martin*	1										1					*Pologne*
196	» 17 fév.	Fr. Rioin *Paul*				1					1						1551	Pingo (*Japon*)
197	» 24 »	Fr. Sauga *Mathias*				1					1						1572	Cachuki »
198	» 28 »	Fr. Saïto *André*				1					1							Buago »
199	» ? »	Fr. Mizogucci *Mancio*				1					1						1572	Funal »
200	» 10 mars	V. P. Ogilvie *Jean*	1							1							1580	Drum (*Ecosse*)
			103	27	23	47	88	32	6	22	12	7	7	2	2	22		

19

NUMÉRO	ENTRÉE DANS LA COMPAGNIE Date	Province	MARTYRE Détails	MARTYRE Lieu	RÉFÉRENCES
167		Portugal	mass. par les Hollandais hérét.	Malacca (*Indo-Chine*)	Jouvency, p. 683.
168		»	»	»	
169	1575 11 sept.	Angleterre	torturé, pendu	Londres (*Angleterre*)	M. G. B. I. 462.
170		»	»	»	M. G. B. II. 426.
171	1568 31 oct.	Portugal	à c. de massue par les Tapuyas	Ibiapaba (*Brésil*)	M. P. I. 37.
172	1604 29 sept.	Angleterre	pendu, écartelé	Londres (*Angleterre*)	M. G. B. I. 605.
173			par les musulmans	Alger (*Algérie*)	M. E. III. 577.
174			»	»	
175	1566	Portugal	empoisonné par des libertins	Lisbonne (*Portugal*)	M. P. I. 223.
176	1587 8 avril	Aragon	noyé par les sauvages	près Quito, (*Equateur*)	M. E. I. 369.
177	1569	Portugal	tué par des pirates chinois	Côtes du Fo-Kien (*Chine*)	Fages (b) C. S. 1901. 36.
178	1591	»	» »	» »	
179	1598	»	» »	» »	
180	1600	»	» »	» »	
181	1602	»	» »	» »	
182	1605	Portugal	» »	» »	
183	1609	»	» »	» »	
184		»	en prison après tortures	Han-tchéou	M. P. I. 306.
185				Aix-la-Chapelle (*Allemagne*)	Pf.
186	1590	Pérou	massacré par les Araucans	*Chili*	M. E. III. 572.
187	1597	Rome	» »	»	M. I. H. 621.
188			» »	»	M. E. III. 572.
189		France		Canada	» »
190		Japon		Japon	» »
191	1573	Portugal	exilé et mort de misère	près Nagazaki	M. P. II. 393.
192		Japon (?)		*Japon*	C. S. p. 38-39.
193	1571 ? avril	Tolède	en mer, chassé du Japon	près des Philippines	M. E. III. 474.
194	1607	Indes	» »	Macao (*Chine*)	Drews. 27.
195		Pologne	ceint d'une couronne de fer	Varsovie (*Pologne*)	» 30.
196	1576	Indes	exilés du Japon et épuisé	Manille (*Philippines*)	M. P. I. 166.
197	1590	»	» »	»	Tanner : S. J. militans. 275.
198	1595	»	» »	»	» 376.
199	1602	»	traqué et mort de misère	*Japon*	Alegambe. Mort. illust. 278.
200	1597	Angleterre	pendu, écartelé	Glascow (*Ecosse*)	M. G. B. I. 279, (d)

(a) Tous les deux en 1re probation.
(b) PAGES : *Hist. de la Relig. chrét. au Japon*, (Paris, Douniol, 1865), t. I, p. 195.
(c) Coadjuteur novice.
(d) J. FORBES, S. J. : *Martyre de J. Ogilvie*, (Paris, Leroux, 1885.)

GÉNÉRALAT : MUTIUS VITTELLESCHI

Table — part 1 (identity, degré, nationalité, naissance):

NUMÉRO	DATE DU MARTYRE	NOM ET PRÉNOM	Prêtres	Scholastiques	Novices	Coadjuteurs	Portugais	Espagnols	Français	Anglais	Japonais	Italiens	Polonais	Allemands	Austr.-Hongr.	Divers	NAISSANCE DATE	NAISSANCE LIEU
		Report :	108	27	23	47	88	32	6	22	12	7	7	2	2	22		
201	1615 20 mars	P. Firabayaxi *Mancio*	1								1							*Japon*
202	1616 16 nov.	P. de Tobar *Ferdinand*	1					1									1584	Caliacan (*Mexique*)
203	» 18 »	P. de Cisneros *Bernard*	1					1									1582	Carrion (*Castille*)
204	» » »	P. d'Orosco *Jacques*	1					1									1587	Placentia (*Espagne*)
205	» » »	P. del Valle *Jean*	1					1									1576	Vittoria »
206	» » »	P. de Alavez *Louis*	1					1									1589	Guanaxa »
207	» 19 »	P. Fonte *Jean*	1					1									1574	Tarrasa (*Catalogne*)
208	» » »	P. de Moranta *Jérôme*	1					1									1573	Majorque (*Baléares*)
209	» 20 »	P. de Santarem *Ferdinand*	1					1									1565	Huete (*Espagne*)
210	» 6 déc.	P. Metella *Jean*	1				1										1584	Bonjerdino (*Portugal*)
211	» » »	P. Pelingotti *Louis-Mathieu*	1									1					1578	Sorbolongo *Et. d. l'Egl.*
212	» ?	[P. de Mello *Jean*]	1				1											*Portugal* (?)
213	1617 22 mai	B. P. Tavora de Machado *J.-B.*	1				1										1580	Angra (*Açores*)
214	1619 7 sept.	B. P. Grodecz *Melchior*	1												1		1584	Teschin (*Silésie*)
215	» 8 »	B. P. Pontgratz *Etienne*	1												1		1582	Alvinez (*Hongrie*)
216	» 18 nov.	B. Fr. Kimura *Léonard*				1					1						1575	Nagasaki (*Japon*)
217	1620 7 jan.	B. Fr. Fernandez *Ambroise*				1	1										1551	Xisto (*Portugal*)
218	» 11 mars	P. Barreto *Emmanuel*	1				1										1564	Feira »
219	» 25 sept.	P. Thelen *Godefroy*	1											1			1588	Duché de Juliers (*All.*)
220	» »	P. de Fonseca *Jean*	1				1										1570	Lisbonne (*Portugal*)
221	» ?	P. Ribeiro *François*	1				1										1584	Torres-Vedras »
222	1621 27 janv.	[P. del Campo *Jean*]	1					1									1591	*Espagne*
223	1622 19 févr.	P. von Boëcop *Arnold*	1													1	1586	Zutphen (*Gueldre*)
224	» 21 »	P. Malvais *Hervé* (c)	1						1								1558	Mussidan (*France*)
225	» 31 mars	P. van der Sandt *Jean* (d)	1													1	1582	Haarlem (*Hollande*)
226	» 10 août	B. Fr. Ota *Augustin*			1						1						1572	Ogica (*Japon*)
227	» 10 sept.	B. P. de Spinola *Charles*	1									1					1564	Prague (*Bohème*)
228	» » »	B. P. Kimura *Sébastien*	1								1						1565	Firando (*Japon*)
229	» » »	B. Fr. Sampo *Michel*			1						1						1572	Oju »
230	» » »	B. Fr. Kiuni *Antoine*			1						1						1572	Micava »
231	» » »	B. Fr. Xumpo *Michel*			1						1						1589	Oaxi »
232	» » »	B. Fr. Fusal *Gonzalve*			1						1						1582	Bigen »
233	» » »	B. Fr. Acafoxi *Thomas*			1						1						1572	Fingo »
			128	27	29	49	95	41	7	22	21	9	7	3	4	24		

Table — part 2 (entrée dans la compagnie, martyre, références):

NUMÉRO	ENTRÉE DATE	ENTRÉE PROVINCE	MARTYRE DÉTAILS	MARTYRE LIEU	RÉFÉRENCES
201	1595	Indes	traqué et mort de misère	Nagazaki (*Japon*)	M. P. I. 273.
202	1608	Mexique	à coups de lances, Tepehuanes	Ste-Cath. Nlle Biscaye (*Mexique*)	M. E. III. 397.
203	1599	Castille	»	Guadiana *Mexique*	» 416.
204	1602	»	»	»	» »
205	1591 (a)	«	»	»	» 418.
206	1607 21 mai	Mexique	»	»	» »
207	1593	Aragon	»	»	» 424.
208	1595	»	»	»	» »
209	1580	Tolède	»	»	» 426.
210	1598	Portugal	à coups de lances, décapité	Matégama (*Ceylan*)	M. P. II. 503. Z. 186.
211	1603	Rome	»	»	M. I. II. 591. »
212			massacré	»	Z. 340.
213	1597	Portugal	décapité	Omura (*Japon*)	M. P. I. 464. — B. 8.
214	1603 22 mai	Autriche	mis à mort dans d'horribles tor.	Cassovie (*Hongrie*)	M. G. A. II. 194 (b).
215	1602 8 juil.	»	»	»	» »
216	1592	Indes	brûlé à petit feu	Nagasaki (*Japon*)	M. P. II. 446. — B. 30.
217	1577	Portugal	en prison	Zuzuta »	M. P. I. 22. — B. 41.
218	»	»	traqué et mort de misère	»	» 241.
219	1612	Germ. inf.	fusillé	Kaub, près Mayence	M. G. A. II. 240.
220	1588	Portugal	traqué et mort de misère	Arima (*Japon*)	M. P. II. 282.
221	1599	Indes	massacré à l'autel	(*Cafrerie*)	M. P. I. 242.
222	1615	»	» par les sauvages	Mindanao (*Philipp.*)	Drews. 37.
223	1610	Belgique	empoisonné par les hérétiques	Cologne (*Allemagne*)	M. G. B. I. 209.
224	1587	France	tué par les Huguenots	Clérac (*Gascogne*)	M. F. I. 276.
225	1601	Belgique	fusillé	Wepstadt (*près Spire*)	M. G. B. I. 360.
226	1622	Japon	décapité	Firando (*Japon*)	M. P. II. 125 — B. 54
227	1584 21 déc.	Rome	brûlé à petit feu	Nagasaki »	M. I. II. 284. — B. 64. (e)
228	»	Indes	»	» »	M. P. II. 220.
229	1622	Japon	»	» »	» »
230	»	»	»	» »	» »
231	»	»	»	» »	» »
232	»	»	»	» »	» »
233	»	»	»	» »	» »

(a) Alias : 1601.

(b) N. Angelini, S. J. : *Les Bienheureux Crisin, Pontgratz et Grodecz* (Paris, Beauchesne, 1904).—Henri Chérot, S. J. : *Les 3 Bienheureux Martyrs de Hongrie* (Études, 5 juillet 1905, p. 5).

(c) Alias : Hervé de Malvaise.

(d) Alias : Sandée.

(e) Charles d'Orléans, S. J. : *Vie du P. Charles Spinola* (Paris 1631).

GÉNÉRALAT : MUTIUS VITTELLSCHI

Nº	Date du martyre	Nom et prénom	Prêtres	Scholastiques	Novices	Coadjuteurs	Portugais	Espagnols	Français	Anglais	Japonais	Italiens	Polonais	Allemauds	Austr.-Hongr.	Divers	Naiss. date	Naiss. lieu
		Report :	128	27	29	49	95	41	7	22	21	9	7	3	4	24		
234	1622 10 sept.	B. Fr. **Gavara** *Louis*			1						1						1582	Arima *Japon*
235	» » »	B. Fr. **Tchongocu** *Jean*			1						1						»	Amanguchi »
236	» 15 »	B. P. **Costanzo de Bovolino** *C.*(a)	1									1					1572	Motta-Bovolina (*Italie*)
237	» 1er nov.	B. P. **Navarro** *Pierre*	1									1					1560	Luino »
238	» » »	B. Fr. **Onizuca** *Pierre*			1						1						1604	Faciran (*Japon*)
239	» » »	B. Fr. **Fugixima** *Denis*			1						1						1593	Aitzu »
240	» 15 août	P. **de la Garde** *Jean*	1						1								1595	*France*
241	» ?	P. **de Abreu** *Gilles*	1				1										1593	Campomajor (*Port.*)
242	1623 16 oct.	P. **Daza** *Jacques*	1					1									1579	près Tolède (*Espagne*)
243	» 4 déc.	B. P. **de Angelis** *Jérôme*	1									1					1567	Castrogiovanni (*Sic.*)
244	» » »	B. Fr. **Yempo** *Simon*				1					1						1575	Notçu (*Japon*)
245	1624 22 févr.	B. P. **Carvalho** *Jacques (Didace)*	1				1										1578	Coimbre (*Portugal*)
246	» 12 avril	P. **Ruess** *Gaspard*	1											1				dioc. d'Ausbourg (*All.*)
247	» 25 août	B. P. **Carvalho** *Michel*	1				1										1577	Braga (*Portugal*)
248	» 15 nov.	B. Fr. **Caïus le Coréen**			1											1		*Corée*
249	1625 4 juillet	P. **Ryswyg** *Théodore*	1													1	1564	Nimègue (*Hollande*)
250	» 28 sept.	P. **Machado** *François*	1				1										1588	Villaréal (*Portugal*)
251	» » »	P. **Pereira** *Bernard*	1				1											Viseu
252	» 4 oct.	P. **de las Misas** *Jean*	1													1		Mexico (*Mexique*)
253	1626 7 mai	P. **de Castro** *Gaspard*	1				1										1560	Braga (*Portugal*)
254	» » ».	P. **de Baëza** *Jean*	1					1									1558	Aleda (*Andalousie*)
255	» 20 juin	B. P. **Pacheco** *François*	1				1										1565	Ponte de Lima (*Port.*)
256	1626 20 juin	B. P. **Zola** *Jean-Baptiste*	1									1					1575	Brescia (*Lombardie*)
257	» » »	B. P. **de Torrès** *Balthasar*	1					1									1563 14 déc.	Grenade (*Andalousie*)
258	» » »	B. Fr. **Sandamazu** *Gaspard*				1					1						1565	Omura (*Japon*)
259	» » »	B. Fr. **Rinxéi** *Pierre*				1					1						1588	Jaciran »
260	» » »	B. Fr. **Xinsuqui** *Paul*				1					1						1572	Usanda »
261	» » »	B. Fr. **Kiusacu** *Jean*				1					1						1605	Cochintzu »
262	» » »	B. Fr. **Toxo** *Michel*				1					1						1588	Cingiva »
263	» » »	B. Fr. **Caün-Cafioye** *Vincent*		1												1	1580	*Corée*
264	1627 14 juill.	P. **de Montoya** *Thomas*	1													1	1568	Zacatecas (*Mexique*)
265	» 7 sept.	B. P. **Tzugi** *Thomas*	1								1						1571	Sornangaï (*Japon*)
266	1628 » »	V. P. **Arrowsmith** *Edmond*	1						1								1585	Lancaster (*Angleterre*)
			149	28	34	55	102	44	8	23	32	13	7	4	4	29		

(a) Camille.

Nº	Entrée dans la Compagnie — Date	Province	Martyre — Détails	Martyre — Lieu	Références
234	1622	Japon	brûlé à petit feu	Nagasaki (*Japon*)	M. P. II. 220. — B. 64.
235	»	»	»	»	» »
236	1591 8 sept.	Naples	»	Firando (*Japon*)	M. I. II. 311. — 109.
237	1578	»	»	Ximabarra »	M. I. II. 452. — 124.
238	1622	Japon	»	» »	M. P. II. 385. »
239	»	»	»	» »	» »
240	1611	France	empoisonné et abandonné	île de Ré (*France*)	M. F. II. 164.
241	»	Portugal	à coups de bâtons et d'épées	Batavia (*Java*)	M. P. II. 386. — Z. 195.
242	1599	Tolède	empoisonné sur un navire	en route vers l'Angleterre	M. E. III. 239.
243	1585	Sicile	brûlé à petit feu	Yeddo (*Japon*)	M. I. II. 582. — B. 134.
244		Japon	»	»	M. P. II. 499. »
245	1594	Portugal	mort dans l'eau glacée	Xenday (*Japon*)	M. P. I. 184. — B. 142
246	»	»	empoisonné par les Indiens	Santa-Cruz de la Sierra (*Pérou*)	M. G. A. I. 337.
247	1597	Portugal	brûlé à petit feu	Omura (*Japon*)	M. P. II. 172. — B. 147.
248		Japon	»	Nagasaki »	M. P. II. 436. — B. 158.
249		Belgique	en prison	Nimègue (*Hollande*)	M. G. B. II. 11.
250	1605	Portugal	décapité par les Arabes	près Zeila (b) (*Mer Rouge*)	M. P. II. 285.
251	1609	Indes	» »	» »	»
252	»	Philippines	massacré par les Camucones	Marinduque (*Philipp.*)	M. E. III. 183.
253	1578	Portugal	traqué et mort de misère dans	près Nagasaki (*Japon*)	M. P. I. 419.
254	»	Bétique	» » [les bois]	» »	M. E. II. 34.
255	1586	Portugal	brûlé à petit feu	Nagasaki »	M. P. I. 549. — B. 161.
256	1594	Venise	»	Nagasaki »	M. I. I. 703. »
257	1579 25 sept.	Bétique	»	» »	M. E. II. 262. »
258	1582	Indes	»	» »	M. P. I. 549. »
259	»	Japon	»	» »	» »
260	»	»	»	» »	» »
261	»	»	»	» »	» »
262	»	»	»	» »	» »
263	»	»	»	» »	» »
264	1588	Mexique	empoisonné	Manille (*Philippines*)	M. E. II. 371.
265	»	Japon	brûlé à petit feu	Nagasaki (*Japon*)	M. P. II. 212. — B. 185.
266	1623	Angleterre	pendu	Lancaster (*Angleterre*)	M. C. B. II. 209.

(b) A Aûça-Guriel.

GÉNÉRALAT	NUMÉRO	DATE DU MARTYRE	NOM ET PRÉNOM	Prêtres	Scholastiques	Novices	Coadjuteurs	Portugais	Espagnols	Français	Anglais	Japonais	Italiens	Polonais	Allemands	Austr.-Hongr.	Divers	DATE	LIEU
MUTIUS VITTELLESCHI			Report :	149	28	34	55	102	44	8	23	32	13	7	4	4	29		
	267	1628 16 sept.	P. Fernandès Mathieu	1													1	1564	Cochin (Indes)
	268	» » »	P. Pecci Bernardin	1									1					1579	Sienne (Italie)
	269	» ? oct.	P. Xuccan Michel	1								1							Japon
	270	» 15 nov.	P. Gonzal. de Santa-Cruz Roch	1													1	1572	Assumpçion (Parag.)
	271	» » »	P. Rodriguez Alphonse	1					1										Zamora (Espagne)
	272	» 17 »	P. del Castillo Jean	1					1									1596 14 sept.	Belmonte »
	273	» 20 déc.	P. van Spiere Pierre (a)	1													1	1583	Douai (Flandre)
	274	» 25 »	B. Fr. Nacaxima Michel		1							1						»	Maciaï, Fingo (Japon)
	275	» ?	[P. Barbosa François]	1													1		
	276	1629 16 févr.	[P. de Penalver Dominique]	1					1										San-Lorenzo (Espagne)
	277	» 11 juin	P. Reuss Bernard	1					1									1601	Majorque (Baléares)
	278	» 9 août	P. Burnatz Matthias	1												1		1571	Rosenberg (Bohême)
	279	1630 ?	P. Margicio Jules-César	1									1					1586	Aquila (Italie)
	280	» ?	P. Raffalowiez Michel	1										1					Pologne
	281	» ?	Fr. Surgiewicz-Wotk Ch.				1							1					»
	282	1631 11 nov.	P. Arnoldi Jean	1											1			1596	Wartburg (Saxe)
	283	1632 30 janv.	Fr. Berndt Jean		1											1		1607	Bohême
	284	1632 1er févr.	P. Pasquale Jules	1									1					1588	Brescia (Lombardie)
	285	» » »	P. Martins Emmanuel	1				1										1600	Tavira (Portugal)
	286	» 2 mai	Fr. Widmann Mathias		1										1			1589	
	287	» 1er Juin	F. Schoelling Blaise	1											1			1554	Ingolstadt (Bavière)
	288	» 3 sept.	B. P. Ixida Antoine (e)	1								1						1570	Ximabarra (Japon)
	289	1633 23 mai	P. Fisher Jérémie	1												1		1598	Crumlow (Bohême)
	290	» 23 juil.	Fr. Nixifori Thomas			1						1							(Japon)
	291	» 31 »	Fr. Keyan-Facunanga Nicol.				1					1						1568	Omi (Japon)
	292	» 4 août	P. Bellavia Antoine	1									1					1594	Sicile
	293	» 16 »	P. de Vasconcellos Antoine	1				1											Portugal
	294	» » »	P. Borgès Emmanuel	1				1										1580	Evora (Portugal)
	295	» » »	Fr. Réomui Joseph			1						1							Figen (Japon)
	296	» » »	Fr. Kindo Ignace (f)			1						1							Aryen »
	297	» 28 »	P. Giannoni Jacques-Antoine	1									1					1577 7 déc.	Bitonto (Pouille)
	298	» 29 »	Fr. Kidera Jean				1					1							Japon
	299	» 1er sept.	Fr. Riocan Thomas				1					1							Amacusa Japon
	300	» » »	Fr. Cafneu Louis (g)				1					1							Arima »
				172	31	37	60	105	48	8	23	42	18	9	7	7	33		

(a) Alias : De Spira.
(b) J. CORDARA S. J. : *Hist. S. J.*, pars VI (Rome 1859). Le martyre semble douteux.
(c) P. Pedro MURILLO VELARDE, S. J. : *Historia de la Provincia de Philipinas* (Manille, 1749) IIe partie, nº 111.
(d) Alias : Mexique (Alegambe).

ENTRÉE DANS LA COMPAGNIE DATE	PROVINCE	MARTYRE DÉTAILS	LIEU	RÉFÉRENCES	NUMÉRO
	Malabar	à coups de lances	Jafnapatam (Ceylan)	M. P. II. 234. — Z. 197.	267
1598	Rome	»	»	M. I. II. 317. — »	268
	Japon	traqué et mort de misère	Simonoséqui (Japon)	M. P. II. 325.	269
1609 9 mai	Paraguay	massacré par les sauvages	au Caro (Uruguay)	M. E. III. 390.	270
1614 25 mars	Castille	»	»	» »	271
» 21 »	Tolède	»	»	405.	272
1603	Belgique	noyé dans le Kiang	Kiang-Sou (Chine)	M. G. B. II. 539.	273
		plongé dans les sources brûlantes	Mont-Ungen (Nagasaki)	M. P. II. 560. — B. 195.	274
		massacré par deux serviteurs	île Cardive (Ceylan)	Cordara (b), p. 228.	275
		empoisonné (?)	Marinduque (Philippines)	Velarde (c)	276
1617 4 juill.	Aragon	à coups de flèches	Pérou	M. E. II. 221.	277
1589	Autriche	à coups de fourches	Libun près Rowensko (Bohême)	M. G. B. II. 111.	278
	Naples	empoisonné	Siam	M. I. II. 567	279
	Lithuanie ?	blessé et brûlé	Nowogrodek (Lithuanie)	Pf.	280
		»	»	»	281
1617	Germ. infre.	décapité	Wisselhovede (Hanovre)	M. G. A. II. 376.	282
1629	Bohême	des suites d'une rude captivité	Linz (Bavière)	» I. 98.	283
1610 8 nov.	Venise	à coups de flèches	Cinaloa (Mexique)	Tanner : S. J. militans. 489.	284
1620	Portugal (d)	»	»	M. P. I. 105.	285
1612		massacré par les Suédois	Bibourg (Bavière)	M. G. A. I. 407.	286
1579	Germ. sup.	torturé, égorgé	Ebensberg »	488.	287
1570	Indes	torturé et brûlé	Mont-Ungen (Nagasaki)	M. P. II. 199. — B. 203.	288
1624	Bohême	à coups de pistolets	Kursdorff (Silésie)	M. G. A. I. 465.	289
1633	Japon	torturé et brûlé	Nagasaki (Japon)	M. P. II. 285.	290
1588	Indes	mort le 1er dans la fosse	»	89.	291
1610	Sicile	fusillé par des hérétiques	Pernambuco (Brésil)	M. I. II. 130.	292
1632	Goa	empoisonné	Goa (Indes)	M. P. II. 148.	293
1600	Portugal	dans la fosse	Nagasaki (Japon)	147.	294
1633	Japon	»	»	» »	295
		»	»	» »	296
1596 18 oct.	Naples	»	Ximabarra »	M. I. II. 227.	297
	Japon	»	»	M. P. II. 183.	298
1633		brûlé vif	Cocura (Japon)	» 91.	299
»	»	»	»	» »	300

(e) Alias : Pinto.
(f) Alias : (C. S.) : Jacques Kindo.
(g) Ne semble pas être le même que le Fr. Louis... (Nº 896 de la présente liste).

GÉNÉRALAT	NUMÉRO	DATE DU MARTYRE	NOM ET PRÉNOM	Prêtres	Scholastiques	Novices	Coadjuteurs	Portugais	Espagnols	Français	Anglais	Japonais	Italiens	Polonais	Allemands	Austr.-Hongr.	Divers	NAISSANCE DATE	NAISSANCE LIEU
			Report :	172	31	37	60	105	48	9	23	42	18	9	7	7	33		
MUTIUS VITTELLESCHI	301	1633 1er sept.	Fr. Yamonoto *Denis*				1					1							Firoxima (*Japon*)
	302	» 21 »	P. **Pinéda** *Michel*	1								1						1577	Amacusa »
	303	» 22 »	Fr. **Yama** *Jean*				1					1						1570	Tzunucuno »
	304	» 30 »	Fr. **Tacuxima** *Jacques-Ant.*			1						1							Firando »
	305	» 2 oct.	P. **Fernandès** *Benoît*	1				1										1579	Borba (*Portugal*)
	306	» » »	P. **Saïto** *Paul*	1								1						1571	Tambo (*Japon*)
	307	» 8 »	P. **da Costa** *Jean*	1				1										1575	Azeitao (*Portugal*)
	308	» » »	[P. **Kilianstein** *Philippe*]	1											1			1589	Kissingen (*Franconie*)
	309	» 9 »	P. **Tocuua** *Sixte*	1								1						1570	Arie (*Japon*)
	310	» » »	Fr. **Fucaye** *Damien*			1						1							Arima »
	311	» 18 »	P. **Adamo** *Jean*	1									1					1574	Mazzara (*Sicile*)
	312	» 21 »	P. **Nacaura** *Julien*	1								1						1569	Omura (*Japon*)
	313	» » »	Fr. *Pierre...*			1						1							» »
	314	» » »	Fr. *Matthieu...*			1						1							» »
	315	» 26 »	P. **de Souza** *Antoine*	1				1										1589	Cavillano (*Portugal*)
	316	» 29 »	P. **de Couros** *Matthieu*	1				1										1558	Lisbonne »
	317	» » ?	P. **Buldrini** *François*	1									1					1575	Rome (*Italie*)
	318	» » ?	P. **Fialho** *Ignace*	1				1											*Portugal*
	319	» » ?	P. **Bilanci** *Jean-Dominique*	1									1					1573	Lecce (*Italie*)
	320	1634 15 fév.	P. **Mayeringh** *Josse*	1											1				Mellen (*Westphalie*)
	321	» » »	Fr. **Martini** *André*				1								1				Wincken (*Franconie*)
	322	» 10 mars	P. **de Andrada** *François* (b)	1				1										1580	Oleiros (*Portugal*)
	323	» 6 juin	P. **Vieira** *Sébastien*	1				1										1571	Castro de Airo »
	324	» » »	Un frère inconnu			1						1							*Japon*
	325	» » »	»			1						1							»
	326	» » »	»			1						1							»
	327	» » »	»			1						1							»
	328	» » »	»			1						1							»
	329	» 3 juill. (c)	P. **de Espinosa** *Pierre*	1					1									1597	Baeza (*Andalousie*)
	330	» 3 déc.	P. **del Carpio** *Jean*	1					1									1583	Rio-frio (*Espagne*)
	331	» 22 juill.	Fr. **Zoya** *Albert*				1										1		
	332	» 16 oct.	P. **Barbisch** *Gabriel*	1											1			1602	*Allemagne* (?)
	333	1635 25 avril	P. **Ruiz de Mendoza** *Christ.*	1													1	1589	Santa-Cruz (*Pérou*)
				192	31	46	64	112	50	8	23	57	21	9	11	7	35		

(a) P. Pedro Murillo Velarde, S. I., *Historia de la Provincia de Philipinas* (Manille, 1749), IIe partie, n° 164.

NUMÉRO	ENTRÉE DANS LA COMPAGNIE — DATE	PROVINCE	MARTYRE — DÉTAILS	LIEU	RÉFÉRENCES
301	1633	Japon	brûlé vif	Cocura (*Japon*)	M. P. II. 91.
302	1607	»	traqué et mort de misère	Nagasaki »	» »
303	1586	Indes	dans la fosse	Yeddo »	» »
304	1633	Japon	brûlé vif	Xiqui »	» »
305	1596	Portugal	dans la fosse	Nagasaki »	» 285.
306	1607	Indes	»	» »	» 293.
307	1591	Portugal	»	» »	» 316.
308	1618	Germ. sup.	des suites d'un dur emprisonnem.	Dillingen (*Bavière*)	M. G. A. II. 274.
309	1589	Indes	dans la fosse	Nagasaki (*Japon*)	M. P. II. 318.
310	1633	Japon	»	» »	» »
311	1595	Sicile	»	» »	M. I. II. 411.
312	1591 25 juill.	Indes	»	» »	M. P. II. 352.
313	1633	Japon	»	» »	» »
314	»	»	»	» »	» »
315	1604	Portugal	»	» »	M. P. II. 367.
316	1583	»	traqué et mort de misère	Fuximi »	» 377.
317	1593 3 sept.	Rome	» »	Nord du Japon	C. S. 36. — Tanner. 339.
318		»	à coups de cimeteres	au Mogol	M. P. II. 90.
319	1590	Naples	en captivité	Iolo (*Philippines*)	Velarde(a)
320		»	massacré par les Suédois	Rouffach (*Alsace*)	M. G. A. I. 152.
321		»			
322	1596	Portugal	empoisonné par un Juif	Goa (*Indes*)	M. P. I. 270.
323	1589	»	dans la fosse	Yeddo (*Japon*)	» 510.
324	1634	Japon	»	» »	» »
325	»	»	»	» »	» »
326	»	»	»	» »	» »
327	»	»	»	» »	» »
328	»	»	»	» »	» »
329	1613	Bétique	à coups de massue par les hér.	Gualapaches (*Paraguay*)	M. E. I. 324.
330	1636	Mexique	à coups de sabres	Ogmoc, île Leyte (*Philippines*)	M. E. III. 514.
331	1614	Germ. sup.	massacré, noyé par les hérétiq.	Landshut (*Bavière*)	M. G. A. II. 57.
332	1621	Germ. sup.	massacré par les hérétiques	» »	» »
333	1616	Paraguay	massacré par les sauvages	au Tapé (*Paraguay*)	M. E. I. 648.

(b) Alias : Antoine.
(c) D'après Alegambe : 3 juillet 1637.

GÉNÉRALAT	NUMÉRO	DATE DU MARTYRE	NOM ET PRÉNOM	Prêtres	Scholastiques	Novices	Coadjuteurs	Portugais	Espagnols	Français	Anglais	Japonais	Italiens	Polonais	Allemands	Austr.-Hongr.	Divers	NAISSANCE DATE	NAISSANCE LIEU	ENTRÉE DATE	ENTRÉE PROVINCE	MARTYRE DÉTAILS	MARTYRE LIEU	RÉFÉRENCES	NUMÉRO
MUTIUS VITTELLESCHI			Report :	192	31	46	64	112	50	8	23	57	21	9	11	7	35								
	334	1635 25 avril	P. Paés *Gaspard*	1				1										1593	Cavillano (*Portugal*)	1607 23 nov.	Portugal	à coups de lances	désert d'Assa, (*Ethiopie*)	M. P. I. 383.	334
	335	» 2 mai	P. Pereira *Jean*	1				1											Alcobar »	1649 12 mars	»	» »	» »	» 405.	335
	336	1636 ? février	P. Yuki *Jacques*	1								1						1574	Ava (*Japon*)	1594	Indes	dans la fosse	Ozaka (*Japon*)	» 206.	336
	337	1637 11 janv.	P. Soéiro *Antoine*	1				1										1576	Borba (*Portugal*)	1592	Portugal	à coups de lances	Ceylan	M. P. II. 504. — Z. 212.	337
	338	» 17 oct.	P. **Mastrilli** *Marcel*	1									1					1602 14 sept.	Naples (*Italie*)	1618 25 mars	Naples	torturé, puis dans la fosse et décapité	Nagazaki (*Japon*)	M. I. II. 408 (a).	338
	339	1638 14 juin	P. d'Alméida *Apollinaire* (b)	1				1										1597 22 juill.	Lisbonne (*Portugal*)	1601 27 avril	Portugal	lapidé, pendu	Oidanéga (*Ethiopie*)	M. P. I. 532.	339
	340	» » »	P. Rodriguez *François*	1				1										1603	Carnide »	1618	»	» »	» »	» »	340
	341	» » »	P. Franchesci *Hyacinthe*	1									1					1598	Florence (*Italie*)	1614 16 oct.	Rome	» »	» »	M. I. I. 671.	341
	342	» 14 juill.	Fr. Nottin *Philippe*				1										1	1599	Louvain (*Belgique*)		Flandre-Belg	mort dans les tortures	Maestricht (*Hollande*)	M. G. B. II. 40.	342
	343	» 20 »	P. Paësman *Gérard*	1											1			1588	Wesel (*Westphalie*)		»	» »	» »	» 57.	343
	344	» » »	P. Boddens *Jean-Baptiste*	1													1	1596 20 avril	Bruges (*Flandre*)	1613	»	» »	» »	» 57.	344
	345	1639 17 janv.	P. de Alfaro *Jacques*	1													1	»	Panama (*Nouv. Gren.*)	1614 29 mars		à coups de fusils et de flèches	au Parana (*Paraguay*)	M. E. I. 115.	345
	346	» 1er avril	P. Osorio de Valderrabano (c)	1					1									1598	Castillo de Villavega (d)	1612	Castille	assommé par les sauvages	au Tucuman »	» 514.	346
	347	» » »	P. Riparo *Antoine*	1									1					1608	Crémone (*Italie*)	1627 30 juill.		à coups de lances	au Chaco »	M. I. I. 391.	347
	348	» 31 mai	P. **Meagh** *Jean*	1							1							1598	Cork (*Irlande*)	1625	Naples	fusillé	près Kuttemberg (*Bohême*)	M. G. A. I. 484.	348
	349	» »	Fr. *Martin Ignace...*				1									1		1576	Zemeticz (*Silésie*)	1597	Bohême	»	» »	» »	349
	350	» »	Fr. *Trnoszka Wenceslas*				1									1		1599	Prosnicz (*Moravie*)	1632	»	»	» »	» »	350
	351	» 7 juillet	P. *Cassui Pierre*	1								1						1588	Bungo (*Japon*)	1630	Japon	torturé, mort dans la fosse	Yeddo (*Japon*)	M. P. II. 52.	351
	352	» 30 sept.	P. **Moureira** *Amarin* (e)	1				1										1597	Lisbonne (*Portugal*)	1617	Portugal	tué et noyé	près Goa (*Indes*)	Tanner. S. J. militans. 406.	352
	353	» 28 déc.	P. de Zamora *André*	1					1										Valence (*Espagne*)		Aragon	poignardé	Buhayen (*Mindanao*)	M. E. III. 656.	353
	354	» ?	P. Bartilio *Laurent*	1									1						*Italie*				Japon	Pf.	354
	355	» 31 déc.	[P. Thursley *Charles*]	1							1								*Angleterre*		Angleterre	d'une fièvre contractée en prison	Londres (*Angleterre*)	Foley. série I. p. 208.	355
	356	1640 (f) 12 avril	P. Bruni de Sta Cruz *Bruno*	1									1					1590 7 nov.	Civitella (*Italie*)	1608 14 oct.	Rome	lapidé et pendu	Frémone (*Ethiopie*)	M. I. I. 428.	356
	357	» (f) »	P. Cardeira *Louis*	1				1										1586	Béja (*Portugal*)	1601	Portugal	» »	» »	M. P. I. 345.	357
	358	» ?	P. Porro *Jean-Baptiste*	1													1						Japon	Pf.	358
	359	» ?	[P. **Walker** *Guillaume*] (g)	1							1								Durham (*Angleterre*)		Angleterre		Londres (*Angleterre*)	»	359
	360	1642 5 mai	P. **Brunowski** *Stanislas*	1										1				1590	*Russie blanche*	1622	Lithuanie		Szarograd (*Pologne*)	Alegambe. Mort. ill. p. 553. (h)	360
	361	» » »	P. **Woynicz** *Gaspard*	1										1				1612	*Mazovie*	1633	»		» »	» » »	361
	362	» » »	P. **Czarnostaw** *Christophe*	1										1				1602	*Russie blanche*	1624	»		» »	» » »	362
	363	» » »	Fr. **Domagalski** *Jacques*				1							1				1606	*Pologne*	1634	Pologne		» »	» » »	363
	364	» 7 »	P. de Mendoza *François*	1				1										1602 24 août	Lisbonne (*Portugal*)	1621 17 juin	Portugal	massacré par les idolâtres	Mindanao (*Philipp.*)	» » p. 555.	364
	365	» 1er juin	P. Sanchez *Barthélemy*	1					1									1613	Murcie (*Espagne*)	1631 7 oct.	Mexique	» Bichaiens	» »	M. E. II. 195. —	365
	366	» ? sept.	Fr. Goupil *René*			1				1								1608	Anjou (*France*)	1641	France	» Iroquois	Canada	M. F. II. 345.	366
				220	31	47	68	120	53	9	26	59	26	13	12	9	39								

(a) P. X. POUPLARD, S. J. : *V. P. Marcel Mastrilli* (Desclée, Lille, 1902 ?).
(b) Evêque de Nicée, conjuteur du Patriarche d'Ethiopie.
(c) Gaspard.
(d) Castille.

(e) Alias (M. P. II, 246) : Maure de Moureyra.
(f) Le Ménologe d'Italie donne 1612, celui de Portugal 1640.
(g) Alias : Ward, Slater.
(h) Drews, 172.

GÉNÉRALAT : MUTIUS VITTELLESCHI

Généralat	Numéro	Date du martyre	Nom et prénom	Prêtres	Scholastiques	Novices	Coadjuteurs	Portugais	Espagnols	Français	Anglais	Japonais	Italiens	Polonais	Allemands	Austr.-Hongr.	Divers	Naissance — Date	Naissance — Lieu
			Report :	220	31	47	68	120	53	9	26	59	26	13	12	9	39		
MUTIUS VITTELLESCHI	367	1642 2 nov.	P. Cramer *Matthieu*	1												1		1607	Krummau (*Bohême*)
	368	» » »	P. Passoke *Laurent*	1											1			1600	Breslau (*Silésie*)
	369	» 22 déc.	V. P. Holland *Thomas*	1							1							»	Lancashire (*Angleterre*)
	370	1643 22 mars	P. Rubino *Antoine*	1									1					1578 1er mars	Strombino (*Piémont*)
	371	» 23 »	P. Mencinski *Albert*	1										1				1601	Osmolice (*Pologne*)
	372	» 25 »	P. de Moralès *Jacques*	1					1									1604 13 oct.	Soria (*Castille*)
	373	» » »	P. Marquez *François*	1				1										1608	Nagasaki (*Japon*)
	374	» » »	P. Capece *Antoine*	1									1						Naples (*Italie*)
	375	» (?) juillet	[P. Marquès *Pierre*]	1				1										1592	Nagasaki (*Japon*)
	376	» » »	[P. Cassola *François*]	1									1						*Italie*
	377	» » »	[P. Chiara *Joseph*]	1									1						»
	378	» » »	[P. Arroyo *Alphonse*]	1					1										Malaga (*Espagne*)
	379	» 1er(?) juil.	[Fr. Viéra *André*]			1						1							*Japon*
	380	» » »	P. de Figueyra *Louis* (d)	1				1										1573	Almodovar (*Portugal*)
	381	» » »	P. Monis *Emmanuel*	1				1											*Portugal*
	382	» » »	P. Diaz *Barnabé*	1				1											»
	383	» » »	P. Florim *Simon*	1				1											»
	384	» » »	Fr. Figueira *Pierre*		1			1											»
	385	» » »	Fr. Leyte *Jean*		1			1											»
	386	» » »	Fr. Lima *Emmanuel*		1			1											»
	387	» » »	Fr. de Reyo *François*		1			1											»
	388	» » »	Fr. de Britto *Dominique*		1			1											»
	389	» » »	Fr. Rocha *Emmanuel*				1	1											»
	390	» » »	Fr. Vicente *Emmanuel*				1	1											»
	391	» » »	Fr. Pereira *Pierre*				1	1											»
	392	» » »	Fr. Fernandez *Gaspard*				1	1											»
	393	» 3 août	V. P. Gansfield *Briant*	1							1							1578	Lancashire (*Angl.*)
	394	» 22 nov.	Fr. Kaluba *Jean*				1									1		1611	*Moravie*
	395	» ?	P. Walta *Michel*	1											1			1606	Munich (*Bavière*)
	396	1644 26 juin	Fr. André...			1											1	1625	*Tonkin*
	397	» 17 sept.	V. P. Corby *Rodolphe*	1							1							1598 25 mars	près Dublin (*Irlande*)
	398	» ?	P. Grassetti *Tranquille*	1									1					1588	Modène (*Italie*)
	399	» ?	P. d'Almeida *Joseph-Etien.*	1				1										1611	Ezqueirra (*Portugal*)
	400	» ?	Fr. Gomez *Emmanuel*				1										1	1602	Macao (*Chine*)
				241	36	49	74	136	55	9	29	60	31	14	14	11	42		

(a) D'après Alegambe, 1596.
(b) Cf. G. Druzbicki, S. J. : *Vita et mors R. P. Alberti Mencinski* (Metz, 1858).
(c) H. Thurston, S. J. : *Japan and Christianity* : (The Month, may 1905, page 505) : *The Mystery of the five last Jesuits in Japan.*

Numéro	Entrée dans la Compagnie — Date	Entrée — Province	Martyre — Détails	Martyre — Lieu	Références	Numéro
367	1624	Bohême	fusillé	Leipzig (*Allemagne*)	M. G. A. II. 348.	367
368	»	»	»	» »	» »	368
369	1623	Angleterre	pendu	Londres (*Angleterre*)	M. G. B. II. 552.	369
370	1600 (a)	Milan	dans la fosse	Nagasaki (*Japon*)	M. I. I. 350. — Z. 221	370
371	1621 14 avril	Pologne	»	» »	M. G. B. I. 328. » (b)	371
372	1620 1er janv.	Bétique	»	» »	M. E. I. 483. »	372
373		Japon	»	» »	M. P. I. 286. »	373
374	1624 30 juill.	Naples	»	» »	M. I. I. 362.	374
375		Japon	scié vivant	» »	M. P. II. 183. (c)	375
376			»	» »	» » (c)	376
377			»	» »	» » (c)	377
378			»	» »	» » (c)	378
379		Japon	»	» »	» » (c)	379
380	1592	Portugal	massacré par les Indiens	embouchure de l'Amazône	M. P. II. 1.	380
381		»	» »	»	»	381
382		»	» »	» »	»	382
383		»	» »	»	»	383
384		»	» »	»	»	384
385		»	» »	»	»	385
386		»	» »	»	»	386
387		»	» »	»	»	387
388		»	» »	»	»	388
389		»	» »	»	»	389
390		»	» »	»	»	390
391		»	» »	»	»	391
392		»	» »	»	»	392
393	1604 18 nov.	Angleterre	des suites de ses tortures	York (Angleterre)	M. G. B. II. 98.	393
394	1634	Bohême	blessures	Gitschin (*Bohême*)	M. G. A. II. 404.	394
395	1623	Germ. sup.	massacré par les Tartares	au Chan-si (*Chine*)	Pf. (e)	395
396	1624		torturé, décapité	*Tonkin*	M. P. II. 75.	396
397	1624	Angleterre	pendu	Londres (*Angleterre*)	M. G. B. II. 244.	397
398	1618		massacré par les Tartares	près Nan-tchang (*Chine*)	Pf. (e)	398
399	1628	Portugal	»	» »	»	399
400	»	Chine	»	» »	»	400

(d) Le Ménologe de Portugal, énumérant les compagnons du P. de Figuera, n'en donne que dix comme martyrs. Nous conservons les douze noms donnés par le P. Pfister.
(e) Aug. M. Colombel. S. J. : *Hist. de la Mission de Kiang-Nan.* 1re partie, pages 461 et 467.

GÉNÉRALAT	NUMÉRO	DATE DU MARTYRE	NOM ET PRÉNOM	Prêtres	Scholastiques	Novices	Coadjuteurs	Portugais	Espagnols	Français	Anglais	Japonais	Italiens	Polonais	Allemands	Austr.-Hongr.	Divers	NAISSANCE DATE	NAISSANCE LIEU
			Report :	241	36	49	74	136	55	9	29	60	31	14	14	11	44		
VITT.	401	1645 30 janv.	P. **Bradley** *Richard*	1							1							1605	Lancashire (*Anglet.*)
	402	» 1er févr.	P. **Morse** *Henry*	1							1							1595	Norfolkshire »
	403	» 27 »	P. **Grosse** *Jean*	1							1							1580	» »
	404	» 22 mars	P. **Romero** *Pierre*	1					1									1585	Séville (*Espagne*)
	405	» » »	Fr. **Fernandez** *Matthieu*			1													
	406	» 10 avril	P. **Aresi** *Jean*	1									1					1605	Tertiniano (*Sardaigne*)
	407	» 1er août	P. **Schonberger** *Georges*	1												1		1598	Inspruck (*Tyrol*)
	408	» ?	P. **Arias** *Alphonse*	1															
	409	» ?	P. **de Arenas** *Christophe*	1															
	410	» ?	P. **Conixi** *Mancio* (a)	1								1							*Japon*
	411	» ?	P. **Xiquimi** *Martin*	1								1							»
	412	1646 18 oct.	P. **Jogues** *Isaac*	1						1								1607 10 janv.	Orléans (*France*)
	413	1647 13 janv.	P. **Horl** *Jean*	1												1		1609	*Bohème*
	414	» 20 fév.	Fr. **Prescott** *Cuthbert*				1				1							1592	Lancaster (*Angleterre*)
	415	» 18 juill.	P. **Neville** *Edmond* (c)	1							1							1605	Lancashire »
	416	» 13 sept.	P. **Boyton** *William*	1							1								Cashel (*Irlande*)
	417	1648 29 janv.	P. **Pagliola** *François*	1									1					1606	Nola (*Italie*)
	418	» 31 mars	P. **Forster** *Thomas*	1							1							1590	Osbaldwick (*Anglet.*)
	419	» 4 juill.	P. **Daniel** *Antoine*	1						1								1600	Dieppe (*France*)
	420	» 8 »	P. **Eber** *Tobie*	1												1		1611	*Bohème*
	421	» 18 »	P. **Neville** *Edmond* (d)	1							1							1558	Lancashire (*Anglet.*)
	422	1649 6 févr.	P. **Ssestak** *Paul* (e)	1												1			*Moravie*
VINCENT CARAFA	423	» 16 mars	P. **de Brébeuf** *Jean*	1						1								1593 25 mars	Condé-sur-Vire (*Norm.*)
	424	» 17 »	P. **Lallemant** *Gabriel*	1						1								1610 31 oct.	Paris (*France*)
	425	» 2 juin	P. **Ponze-Barbazan** *Michel*	1					1									1605	Pena-Roya p. Saragosse
	426	» 18 »	P. **Netterville** *Robert*	1							1							1582	Meath (*Irlande*)
	427	» 30 »	P. **Dunin** *Pierre*	1										1				1616	*Grande-Pologne*
	428	» 4 août	P. **Hudd** *Jean*	1							1							1581	*Angleterre*
	429	» 16 »	P. **Bath** *Jean*	1							1							1610	Drogheda (*Irlande*)
	430	» fin »	P. **Monis** *Emmanuel*	1				1											*Portugal*
	431	» » »	P. **Pirès** *François*	1				1											»
	432	» » »	Fr. **Fernandez** *Gaspard*				1	1											»
	433	» 23 oct.	P. **de Paiva** *Vincent*	1				1										1609	Porto (*Portugal*)
				271	36	50	76	140	57	13	40	62	33	15	14	15	44		

NUMÉRO	ENTRÉE DATE	ENTRÉE PROVINCE	MARTYRE DÉTAILS	MARTYRE LIEU	RÉFÉRENCES	NUMÉRO
401	1623	Angleterre	en prison	Manchester (*Angleterre*)	M. G. B. I. 126.	401
402	1625	»	pendu	Londres »	» 142.	402
403	1610	»	à sa sortie de prison	Lincoln »	» 241.	403
404	1607 6 mars	Quito (?)	à coups de massue	aux Itatines (*Paraguay*)	M. E. I. 470.	404
405	»	»	»	»	Tanner S. J. militans, 502.	405
406	1622 4 oct.	Sardaigne	à coups de lances	Île Leyte (*Philippines*)	M. E. I. 560.	406
407	1616	Bohème	des suites de tortures affreuses	Hradish (*Bohème*)	M. G. A. II. 83.	407
408				*Paraguay*	Pf.	408
409				»	»	409
410		Japon		*Japon*	M. P. II. 183.	410
411		»		»	»	411
412	1624 octobre	France	torturé affreusement et tué	par les Iroquois (*Canada*)	M. F. II. 406 (b).	412
413		Bohème	empoisonné par un hérétique	près Breslau (*Silésie*)	M. G. A. II. 213.	413
414	1624	Angleterre	en prison	Londres (*Angleterre*)	M. G. B. I. 213.	414
415	1625 24 mai	»			M. G. B. II. 49.	415
416	1630 20 sept	»	à coups d'épées	près Cashel (*Irlande*)	» 223.	416
417	1637 6 févr.	Naples	à coups de lances	Mindanao (*Philippines*)	M. I. I. 151.	417
418	1617	Angleterre	en prison	Lincoln (*Angleterre*)	Foley, série IV, p. 642.	418
419	1621 1er oct.	France	à coups de fusils et de flèches	par les Iroquois (*Canada*)	M. F. II. 12.	419
420	1629	Bohème	empoisonné par un hérétique	près Breslau (*Silésie*)	M. G. A. II. 19.	420
421	1626	Angleterre		Londres (?) (*Angleterre*)	M. G. B. II. 49.	421
422			massacré par les Cosaques schis.	Ostrog (*Pologne*)	M. C. B. I. 123.	422
423	1617 6 nov.	France	tué après d'horribles tortures	par les Iroquois (*Canada*)	M. F. I. 357.	423
424	1630 24 mars	»	»	»	» 362.	424
425	1631	Mexique	à coups de lances	Palapag (*Philippines.*)	M. E. II. 171.	425
426	1604	Angleterre	à coups de bâtons	Drogheda (*Irlande*)	M. G. B. II. 593	426
427	1634	Pologne	écartelé par les Cosaques	Nowogrodek (*Lithuanie*)	M. G. B. I. 629.	427
428	1612	Angleterre	en prison	Lincoln (*Angleterre*)	Foley, série IV, p. 641.	428
429	1638	»	fusillé	Drogheda (*Irlande*)	M. G. B. II. 139.	429
430			massacré	*Brésil*	M. P. II. 175.	430
431		Portugal	»	»	»	431
432		»	»	»	»	432
433		»	» par des hérétiques holland.	près la côte de Guinée (*Afrique*)	» 359.	433

(a) Au Catal. Sanctorum (p. 36) : *P. Mancius Cuiki*.

(b) F. Martin, S. J. : *P. J. Jogues*. (Paris, Beltenveck, 1882). Cf. également du même auteur : *Les Martyrs du Canada* (Montréal, 1877).

(c) Ne pas confondre le P. Edmond Neville junior (Alias Sale) avec le P. Edmond Neville senior, mort le même jour l'année suivante.

(d) Alias Nelson.

(e) Avec le P. Ssestak, furent massacrés tous les Pères et Frères alors présents au collège d'Ostrog. Leur nombre et leurs noms sont inconnus.

Générolat	Numéro	Date du martyre	Nom et prénom	Prêtres	Scholastiques	Novices	Coadjuteurs	Portugais	Espagnols	Français	Anglais	Japonais	Italiens	Polonais	Allemands	Austr.-Hongr.	Divers	Naissance – Date	Naissance – Lieu
		Report :		271	36	50	76	140	57	13	40	62	33	15	14	15	44		
F. PICCOLOMINI	434	1649 11 nov.	P. Damiani *Vincent*	1									1					1613 17 oct.	Messine (*Sicile*)
	435	» 7 déc.	P. Garnier *Charles*	1						1								1605 25 mai	Paris (*France*)
	436	» 8 »	P. Chabanel *Noël*	1						1								1613	dioc. de Mende (*Fr.*)
	437	1650 27 janv.	P. del Campo *Jean*	1					1									1620 8 mars	Villanueva (*Andalous.*)
	438	» 4 juin	P. Beudin-Godinez *Corneille*	1													1	1615 25 nov.	Gravelines (*Flandre*)
	439	» 11 août	P. (Grimes)-Bazire *Matthieu*	1						1								1609	Rouen (*Normandie*)
	440	» ?	P. Smith *Jean* (a)	1							1								près Liverpool (*Angl.*)
	441	1651 7 janv.	P. Van der Zype *Jacques*	1													1	1585	*Flandre*
	442	» 29 mai	V. P. Wright *Pierre*	1							1							1604	Heyton (*Angleterre*)
Gottifredi	443	» 12 déc.	P. Koffler *Wolfgang-André* (b)	1												1		1603	Crems (*Autriche*)
	444	» » »	P. de Mattos *Benoît*	1				1										1600	Vidigueira (*Portugal*)
	445	» 21 »	P. Thompson *Jean*	1							1							1591	Netherdale (*Angl.*)
	446	1652 25 janv.	P. Worthington *Jean*	1							1							1572	Blensco (*Lancashire*)
	447	» 1er mars	P. Basile *Jacques-Antoine*	1									1					1609	Bari (*Italie*)
GOSWIN NICKEL	448	» 25 avril	P. Ferreira *Christophe*	1				1										1580	Torres-Vedras (*Port.*)
	449	» 10 mai	P. Buteux *Jacques*	1						1								1600	Abbeville (*Picardie*)
	450	1653 ?	P. de Nogueira *Bernard*	1													1		Frémone (*Ethiopie*)
	451	1654 23 janv.	P. Auberjeon *Guillaume*	1						1									Chinon (*Touraine*)
	452	» » »	P. Guaymu *François*	1						1									*Gascogne*
	453	1655 29 mai	F. Liégeois *Jean*				1			1								1589	*France*
	454	» 8 août	P. Gosewski *Casimir*	1										1				1618	*Lithuanie*
	455	» 9 sept.	P. Raffalowicz *Grégoire*	1										1				1590	*Pologne*
	456	» 21 »	P. Stanislewski *Jean*	1										1				1612	*Mazovie*
	457	» » »	P. Wiékowicz *Adam*	1										1				1599	»
	458	» » »	Fr. Butkiéwicz *Jean*				1							1					*Pologne*
	459	» 13 déc.	P. Lopez *Alexandre*	1					1									1604 juin	Jaca (*Aragon*)
	460	» » »	P. Montiel *Jean*	1									1					1631	Reggio (*Calabre*)
	461	1656 11 févr.	P. de Pey *François*	1						1									*France*
	462	» ? mai	Fr. Sitkowicz *Barthélemy*				1							1				1616	*Moscovie*
	463	» 30 août	P. Garreau *Léonard*	1						1									S.-Yrieix (*Limousin*)
	464	» ?	P. Beyra *Jean*	1				1											*Portugal*
	465	» ?	P. Kopystinski *Jean*	1										1					*Pologne* (?)
	466	» ?	P. Zielinski *Mathias*	1										1					»
				301	36	50	79	143	59	22	44	62	38	23	14	16	47		

(a) Alias : Harrison.
(b) Alias : André-Xavier Koffler.

Numéro	Nom et prénom	Entrée – Date	Entrée – Province	Martyre – Détails	Martyre – Lieu	Références
434	P. Damiani *Vincent*	1630 17 mars	*Sicile*	à coups de lances	Palapag (?) (*Philippines*)	M. I. II. 498.
435	P. Garnier *Charles*	1624 5 sept.	*France*	massacré par les Iroquois	*Canada*	M. F. II. 574.
436	P. Chabanel *Noël*	1630	Toulouse	»	»	» 581.
437	P. del Campo *Jean*	1636	Bétique	à coups de lances et noyé	Siocon (*Mindanao-Philippines*)	M. E. I. 180.
438	P. Beudin-Godinez *Corneille*	1635 29 mars	Flandre-Belg	percé de flèches, étranglé	par les Tahaumarès (*Mexique*)	M. G. B. I. 556.
439	P. (Grimes)-Bazire *Matthieu*	1642	France	en prison	Londres (*Angleterre*)	M. F. II. 155.
440	P. Smith *Jean*		Angleterre	exécuté	Lancastre »	Foley, série I, p. 664.
441	P. Van der Zype *Jacques*	1609		des suites d'une blessure	Cinaloa (*Mexique*)	M. G. B. I. 24.
442	V. P. Wright *Pierre*	1629	Angleterre	pendu	Londres (*Angleterre*)	» 537.
443	P. Koffler *Wolfgang-André*	1627	Autriche	tué par les Tartares	au Kouang-si (*Chine*)	M. G. A. II. 465. (c)
444	P. de Mattos *Benoît*	1615	Portugal	noyé	près Haï-nan »	M. P. II. 323. (c)
445	P. Thompson *Jean*	1622	Angleterre	en prison	York (*Angleterre*)	Foley, série VI, p. 146.
446	P. Worthington *Jean*	1598 27 oct.	»	»	Lancaster (*Angleterre*)	M. G. B. I. 109.
447	P. Basile *Jacques-Antoine*	1630 4 déc.	Naples	pendu, décap. par les Papigoches	*Mexique*	Tanner. S. J. militans, 545.
448	P. Ferreira *Christophe*	1596	Portugal	dans la fosse	Nagasaki (*Japon*)	M. P. I. 386. (d)
449	P. Buteux *Jacques*	1620 2 oct.	France	massacré près d. rives du fleuve	Saint-Maurice (*Canada*)	M. F. I. 608.
450	P. de Nogueira *Bernard*	1650 30 ?	Portugal (?)	pendu	Gojam (*Ethiopie*)	M. P. I. 348.
451	P. Auberjeon *Guillaume*	1634	France	massacré par les Caraïbes	Ile Saint-Vincent (*Antilles*)	M. F. I. 119.
452	P. Guaymu *François*	1639	Aquitaine	»	» »	» »
453	F. Liégeois *Jean*		France	massacré	Sillery (*Canada*)	» 688.
454	P. Gosewski *Casimir*	1637	Lithuanie	tué par les Russes	Wilna (*Lithuanie*)	Pf.
455	P. Raffalowicz *Grégoire*	1615	»	tête fendue	Nowogrodek »	»
456	P. Stanislewski *Jean*	1631	»	massacré par les Cosaques	Nieswiez »	M. G. B. II. 258.
457	P. Wiékowicz *Adam*	1647	»	»	» »	» »
458	Fr. Butkiéwicz *Jean*		»	»	» »	» »
459	P. Lopez *Alexandre*	1631 28 août	Philippines	massacré par les Maures	Mindanao (*Philippines*)	M. E. II. 567.
460	P. Montiel *Jean*	1646 30 avril	Naples	»	» »	M. I. II. 616.
461	P. de Pey *François*		Lyon (?)	empoisonné par les Calvinistes	Ornex (*Jura*)	M. F. I. 231.
462	Fr. Sitkowicz *Barthélemy*	1637	Lithuanie	massacré	Litobrog (*Mazovie*)	Pf.
463	P. Garreau *Léonard*			»	sur le Saint-Laurent (*Canada*)	M. F. II. 214.
464	P. Beyra *Jean*			en prison	*Brésil*	Pf.
465	P. Kopystinski *Jean*		»	»	Plock (*Mazovie*)	»
466	P. Zielinski *Mathias*		»	»	Rawa (*Pologne*)	»

(c) Aug. M. Colombel S. J.: *Histoire de la Mission du Kiang-Nan.* 1re partie, pages 496 et 497.
(d) P. X. Pouplard S. J. : *V. P. Marcel Mostille.* Cf. Appendice sur le P. Ferreira.

NUMÉRO	GÉNÉRALAT	DATE DU MARTYRE	NOM ET PRÉNOM	Prêtres	Scholastiques	Novices	Coadjuteurs	Portugais	Espagnols	Français	Anglais	Japonais	Italiens	Polonais	Allemands	Austr.-Hongr.	Divers
		Report :		301	36	50	79	143	59	22	44	62	36	23	14	16	47
467	GOSWIN NICKEL	1657 15 mai	P. Maffon *Simon*	1										1			
468		» 16 »	B. P. Bobola *André*	1										1			
469		» 7 août	Fr. Hreczyma *André*				1							1			
470		» ?	P. Czanocki *Albert*	1										1			
471		1658 ?	P. Rangel *François*	1				1									
472		» ?	P. Agnese *Joseph*	1									1				
473		1659 16 janv.	P. d'Aultry *Isaac*	1						1							
474		» 17 févr.	P. Jaime *Etienne* (b)	1					1								
475		1660 4 juill.	P. Pilinski *Eustache*	1										1			
476		» » »	Fr. Jurkowski *Thomas*				1							1			
477		1661 10 août	P. Ménard *René*	1						1							
478		1662 18 août	P. Saccano *Metello* (c)	1									1				
479		» ?	P. Jeleniewicz *Wenceslas*	1										1			
480		1663 27 sep.	P. de Larrauri *Jean-Baptiste*	1					1								
481		» ?	P. Barcena Ventura *Jean*	1					1								
482		1664 19 mai	P. Radzawski *Jean*	1										1			
483		» 1er août	P. Konig *Georges*	1												1	
484	J. FR. OLIVA	1665 12 déc.	P. Hurtado de la Blanca (e)	1					1								
485		1666 15 mars	P. de Figueroa *François*	1													1
486		» 20 avril	P. de la Borde *Henri*	1						1							
487		1667 ? mars	P. Suarez *Pierre*	1													1
488		» 25 déc.	P. Paisseau *Ignace*	1						1							
489		1670 29 janv.	P. de Medina *Louis*	1					1								
490		» ?	P. Marquez *François*	1					1								
491		1672 2 avril	P. de San Vittores *Jean*	1									1				
492		1673 14 déc.	P. Mascardi *Nicolas*	1				1									
493		» ?	Un Père inconnu	1				1									
494		» ?	»	1													1
495		1674 2 févr.	P. Ezquerra *François*	1													1
496		» » »	P. de Vera-Picazo *Louis*	1													1
497		» 22 mai	Fr. Noël *Barthélémy*		1												1
498		1675 9 déc.	Fr. Diaz *Pierre*		1				1								
499		1676 17 janv.	P. de San-Basile *Antoine*	1									1				
500		» 6 sept.	P. de Monroy *Sébastien*	1													1
				331	38	50	81	146	66	26	44	62	40	31	14	17	54

NUMÉRO	NAISSANCE DATE	NAISSANCE LIEU	ENTRÉE DANS LA COMPAGNIE — DATE	ENTRÉE — PROVINCE	MARTYRE — DÉTAILS	MARTYRE — LIEU	RÉFÉRENCES
467	1607	Braclaw (*Lithuanie*)	1627	Lithuanie	tué après d'horribles tortures	Horodek (*Lithuanie*)	M. G. B. I. 499.
468	1592	Sandomir (*Pologne*)	1611 31 juill.	Pologne	» » »	Janow (*Mazovie*)	» 502 (a).
469	1631	*Pologne* (?)	1650	Lithuanie	tué par les Suédois	Lomza »	Pf.
470		» (?)			» » »	» »	M. P. II. 323.
471		Porto (*Portugal*)	1629	Portugal	tué en mer par des pirates	près Vink (*Tonkin*)	Pf.
472		*Italie*			» » »	» »	M. F. I. 84.
473		*Lorraine*		France (?)	des suites de tortures	Naxos (*Archipel*)	M. E. I. 300.
474	1601	Ordis (*Catalogne*)	1620	Aragon	à coups de lances	Ile Negros (*Philippines*)	M. G. B. II. 12.
475	1625	*Pologne*	1642	Lithuanie	massacré par les schismatiques	Pinsk (*Mazovie*)	Pf.
476	1608	*Mazovie*	1629	Pologne	» » »	» »	M. F. II. 146.
477	1604	Paris (*France*)	1624 7 sept.	France	massacré par les	Ottawas (*Canada*)	M. I. II. 188.
478		Messine (*Sicile*)		Sicile	en prison épuisé de tortures	Japon	Pf.
479		*Lithuanie*				Astrakan (*Russie*)	M. E. III. 140.
480	1631	Logrono (*Espagne*)	1648	Castille	massacré, noyé par les Mahomét.	Palaon, ile Leyte (*Philippines*)	Velarde (d)
481	1634	*Espagne*	1653	»	en captivité	Tabitabi (*Philippines*)	M. G. B. I. 513.
482	1606	*Pologne*	1626	Pologne	tué par les schismat. de Staro	Constantinow (*Volhynie*)	M. G. A. II. 84.
483	1616	*Autriche* (?)	1637		mass. par les Turcs à la bataille	de Saint-Gothard (*Hongrie*)	Pf.
484		*Espagne*			empoisonné	Ogmuc (*Philippines*)	M. E. I. 435.
485	1612	Popayan (*Nelle-Gren.*)	1630	Nouv. Roy.	à coups de hache par les	Cocamas (*Amazone*)	M. F. I. 523.
486		*France*		France	tué par des Anglais hérétiques	Ile Saint-Christophe (*Antilles*)	M. E. I. 410.
487	1641	Carthagène (*Nelle-.Gr.*)	1658	Nouv. Roy.	à coups de lances par les	Abijiras (*Amazone*)	M. F. II. 644.
488		*France*		Lyon	sous les balles des hérétiques	Ornex (*Jura*)	M. E. I. 487.
489	1637 3 févr.	Malaga (*Espagne*)	1656 30 avril.	Bétique	tué par les sauvages	Tinian (*Mariannes*)	M. P. II. 323.
490	1627 12 nov.	Burgos (*Espagne*)			noyé par des pirates	près Haï-nan (*Chine*)	M. E. I. 519.
491		*Italie*	1647 23 juill.	Tolède	tué par les sauvages	Guahan (*Mariannes*)	Pf.
492		*Portugal*				Patagonie	M. P. I. 463.
493		»		Portugal	dévoré par les anthropophages	côte de Guinée (*Afrique*)	Pf.
494					» » »	» »	M. E. I. 216.
495	1644	Manille (*Philippines*)	1660	Philippines	percé de flèches	Guahan (*Mariannes*)	Pf.
496		» »			» »	» »	M. G. B. I. 517.
497	1641	*Flandre*	1663	Gaule-Belg.	massacré par des soldats	Douai (*Flandre*)	M. E. III. 547.
498		Talavera (*Espagne*)	1673 24 avril.	Castille	à coups de bâtons	Guahan (*Mariannes*)	M. I. I. 84.
499	1643	Catane (*Sicile*)	1658	Sicile	» »	»	M. E. III. 32.
500	1650	Arojal	1672		d'un coup de lance	Ile Saint-Jean »	

(a) P. Olivaint, S. J. : *Bienheureux André Bobola* (Paris, 1854).
(b) Alias : Etienne, Juan.
(c) « Au nombre des derniers Apôtres et des derniers Martyrs du Japon, il en est plusieurs autres dont les combats et le genre de mort ne sont connus que dans la Compagnie triomphante. » M. P. II. 183.
(d) P. Pedro Murillo Velarde, S. J., *Historia de la Provincia de Philipinas* (Manille 1749) IIe partie, n° 664.
(e) Pierre.

GÉNÉRALAT	NUMÉRO	DATE DU MARTYRE	NOM ET PRÉNOM	Prêtres	Scholastiques	Novices	Coadjuteurs	Portugais	Espagnols	Français	Anglais	Japonais	Italiens	Polonais	Allemands	Austr.-Hongr.	Divers	DATE	LIEU
			Report :	331	38	50	81	146	66	26	44	62	40	31	14	17	54		
	501	1677 ?	P. de Hurtado Auguste	1													1		
	502	1678 3 déc.	V. P. Mico Edouard (a)	1							1							1630	Comté d'Essex (Angl.)
	503	» 21 »	V. P. Downes Thomas (b)	1							1							1617	Norfolkshire »
	504	1679 14 janv.	P. Evans Humphrey	1							1							1597	Carnavon »
	505	» 19 janv.	P. Price Ignace	1							1							1610	Montmouthshire ? »
	506	» 24 »	V. P. Ireland Guillaume (c)	1							1							1636	Lincoln »
JEAN-FRANÇOIS OLIVA	507	» » »	[Fr. Grove Jean] (d)				1				1								»
	508	» 26 févr.	P. Tempest Nicolas	1							1							1633	Lancashire »
	509	» 28 »	V. P. Nevile François	1							1							1595	»
	510	» 30 juin	V. P. Fenwick Jean (e)	1							1							1628	Durham »
	511	» » »	V. P. Gawen Jean	1							1							1640	Londres »
	512	» » »	V. P. Turner Antoine	1							1							1628	Lancaster »
	513	» 28 »	V. P. Hartcourt Thomas (f)	1							1							1618	Comté d'Essex (Angl.)
	514	» » »	P. Waring Guillaume (g)	1							1							1610	Lancashire »...
	515	» 22 juill.	V. P. Evans Philippe	1							1							1645	Montmouthshire »
	516	» 27 août	V. P. Lewis David (h)	1							1							1617	» »...
	517	» 10 sept.	[P. Aylworth William]	1							1							1625	»
	518	» 27 sept.	P. Jenison Thomas	1							1							1643	Northumberland »
	519	1680 12 janv.	P. Wilkinson Thomas	1							1							1638	Lancashire »
	520	» 11 mars	P. Lacey Richard (i)	1							1							1648	Oxford »
	521	» 14 »	P. Prichard Charles	1							1							1637	Montmouthshire »
	522	» 26 juin	P. Bruning François	1							1							1620	Hants »
	523	1681 17 mars	P. Atkins William	1							1							1601	Cambridgeshire »
	524	» 29 »	P. Turner Edouard	1							1							1925	Leicestershire »
	525	1683 28 juin	P. Katunski Jean	1												1		1639	Zips (Hongrie)
	526	» 18 oct.	P. Szarca Gaspard	1												1		1635	Lakafalva »
	527	» » »	P. Solinas Antoine	1									1					1643	Sardaigne
CH. DE NOYELLE	528	1684 3 févr.	P. Hunter Antonin (j)	1							1							1606	Yorkshire (Angleterre)
	529	» 23 juill.	P. de Solorzano Pierre	1					1									1649	Fréjenal (Andalousie)
	530	» » »	Fr. Duhois Balthasar				1										1	1653	Tournai (Flandre)
	531	» 24 »	P. de Angelis Théophile (l)	1									1					1651	Sienne (Toscane)
	532	» ? août	P. Strobach Augustin	1												1		1646	Iglau (Moravie)
	533	» ? »	P. Borango Charles	1												1		1640 29 juin	Vienne (Autriche)
				362	38	50	83	146	67	26	68	62	42	31	14	21	56		

(a) Alias : Baynes, Harvey.
(b) Alias : Bedingfield, Mumfort.
(c) Le Ménologe indique le 3 février ; Foley, le 24 janvier, à cause de la différence de calendrier. (Le calendrier grégorien ne fut adopté en Angleterre qu'en 1752).
(d) Probablement Frère coadjuteur, S. J.
(e) Alias : Caldwell.

NUMÉRO	ENTRÉE DANS LA COMPAGNIE — DATE	PROVINCE	MARTYRE — DÉTAILS	LIEU	RÉFÉRENCES
501				Pérou	Pf.
502	1650 15 juin	Angleterre	dans les prisons de Newgate	Londres (Angleterre)	M. G. B. II. 486.
503	1638 8 janv.	»	» Westminster	» »	» 547.
504	1625	»	sous les coups des soldats	Pool-Hall, Chester (Angleterre)	Foley : collect., 1re partie, p. LXV
505	1634	»	traqué, mort de misère	Ragland (Galles)	M. G. B. I. 69.
506	1655 7 sept.	»	pendu	Londres (Angleterre)	149.
507		»		»	Foley : Série X, p. 464.
508	1652	»	en prison	Lancaster »	M. G. B. I. 238.
509		»	sous les coups des soldats	Londres »	» 227.
510	1656 28 sept.	»	pendu	» »	» 626.
511	1660 7 »	»	»	» »	» »
512	1653 18 avril	»	»	» »	» »
513	1635 7 sept.	»	»	» »	» »
514	1632	»	»	» »	» »
515	1655 7 sept.	»	»	Cardif	M. G. B. II. 60
516	1644 19 avril	»	»	Usk près Cardiff (Angleterre)	» 177.
517	1641 7 sept.	»	des suites de mauv. traitements	Haarlem (Hollande)	Foley : Coll., 1re part., p. LXIV.
518	1663 24 nov.	»	en prison	Londres (Angleterre)	M. G. B. II. 275.
519	1667 20 sept.	»	empoisonné dans la prison de	Mospeth	M. G. B. I. 47.
520	1668 14 déc.	»	en prison	Londres »	» 287.
521	1662 16 nov.	»	traqué par les poursuivants	Montmouthshire (Angleterre)	Foley : Collect. 1re p., p. LXV
522	1641 7 sep.	»	» »	? (Angleterre)	Foley : série XII, p. 815.
523	1629	»	en prison	Stafford »	M. G. B. I. 309.
524	1657	»	» (Westminster)	Londres »	Foley : Colect. 2e p., p. 787.
525	1664	Autriche	décapité par les hérétiques	près Schemnitz (Hongrie)	M. G. A. I. 551.
526	1653	»	en prison	Hrusso »	M. G. A. II. 306.
527	1663	Sardaigne	massacré par les sauvages du	Chaco (Paraguay)	M. E. III. 300
528	1649	Angleterre	en prison	Londres (Angleterre)	M. G. B. I. 150.
529	1666	Bétique	massacré par les sauvages	Tinian (k) (Mariannes)	M. E. II. 423.
530	1674	Gaule-Belg.	» »	» »	M. G. B. I. 62.
531	1673 7 nov.	Rome	» »	» »	M. I. II. 88.
532	1667 14 oct.	Bohême	» »	» »	M. G. A. II. 133.
533	1656	Autriche	» »	» »	» 217.

(f) Alias : Whit bread.
(g) Alias : Barrow.
(h) Alias : Charles Backer.
(i) Alias : Prince.
(j) Alias : Smith.
(k) Alias : Guahan.
(l) Nomine vero ; Théophile Piccolomini.

DEGRÉ — Prêtres, Scholastiques, Novices, Coadjuteurs. **NATIONALITÉ** — Portugais, Espagnols, Français, Anglais, Japonais, Italiens, Polonais, Allemands, Austr.-Hongr., Divers. **NAISSANCE** — Date, Lieu.

Généralat	Numéro	Date du martyre	Nom et Prénom	Naissance — Date	Naissance — Lieu
			Report :		
CH. DE NOYELLE	534	1684 12 sept.	P. Longeaux *François*	1646	*France*
	535	» 7 oct	P. Beeck *Gaspard*	1649	*Rottemburg (Wurtemb.)*
	536	» » »	P. Toebast *Ignace*	1648 28 nov.	Gand *(Flandre)*
	537	» » »	P. Fiol *Ignace*	1629 18 juill.	Palma *(Majorque)*
	538	1685 ? juillet	P. Coomans *Pierre*	1638 30 janv.	Anvers *(Belgique)*
	539	» ?	P. Ratkay *Jean-Marie*		*Croatie*
	540	1686 9 oct.	P. Widman *Christophe*	1655	Passau *(Bavière)*
THYRSE GONZALEZ	541	1687 27 sept.	P. Pothier *Jean*		*France*
	542	1688 24 août	P. Jursa *Jacques*		*Hongrie*
	543	1690 7 févr.	P. Poulton *Charles*(b)	1616	Desborough *(Anglet.)*
	544	» 5 avril	P. Ortiz de Zovanda *Jacques*		
	545	» » »	P. Sanchez *Emmanuel*		
	546	1691 4 févr.	P. de Mello *Louis*	1657	Coïmbre *(Portugal)*
	547	1692 30 oct.	P. Bentney *Guillaume*(c)	1609	Cheshire *(Angleterre)*
	548	1693 4 févr.	B. P. de Britto *Jean*	1647 1er mars	Lisbonne *(Portugal)*
	549	» 12 »	P. Loverso *Vincent*	1653	Palerme *(Sicile)*
	550	» 3 mars	P. Dalmas *Antoine*		*France*
	551	» ?	P. Pereira *Antoine*		San-Luis *(Maragnon)*
	552	1695 2 avril	P. Saëta *François-Xavier*		*Sicile*
	553	1696 21 août	P. de Sequeyra *Jean*		Cabeço *(Portugal)*
	554	» ?	P. Nogueyra *François*		»
	555	» nov.	P. Richter *Henry*	1653 7 sept.	Prosnitz *(Moravie)*
	556	1696 ou 97 ?	P. Ferreyra *Emmanuel*	1631	Lisbonne *(Portugal)*
	557	1698 12 mars	P. Allo *Emeric*	1659	*Hongrie*
	558	1700 27 mai	P. Belmonte *Pierre*		Rimini *(Italie)*
	559	1701 28 »	P. Candone *Jean*		»
	560	» 14 nov.	P. Carvalho *Joseph*	1658	Portalègre *(Portugal)*
	561	1702 16 sept.	P. Baraze *Cyprien*	1640	*Espagne*
	562	1704 26 avril	P. Moro *Etienne*		*Hongrie*
	563	» » »	P. Borrhi *Georges*		»
	564	» » »	P. Jacobowitch *Jacques*		»
	565	» » »	Fr. Borovecz *Michel*	1678	»
	566	1707 ?	P. Durango *Nicolas*		»

Numéro	Prêtres	Scholastiques	Novices	Coadjuteurs	Portugais	Espagnols	Français	Anglais	Japonais	Italiens	Polonais	Allemands	Austr.-Hongr.	Divers
Report :	362	38	50	83	146	67	25	68	62	42	31	14	21	56
534	1						1							
535	1											1		
536	1													1
537	1					1								
538	1													1
539	1												1	
540	1											1		
541	1						1							
542	1												1	
543	1							1						
544	1													1
545	1													1
546	1				1									
547	1							1						
548	1				1									
549	1									1				
550	1						1							
551	1													1
552	1									1				
553	1				1									
554	1				1									
555	1												1	
556	1				1									
557	1												1	
558	1									1				
559	1									1				
560	1				1									
561	1					1								
562	1												1	
563	1												1	
564	1												1	
565		1											1	
566	1													1
	394	39	50	83	152	69	29	70	62	46	31	16	29	62

(a) Alias : près Saint-Georges, Warasdin *(Hongrie)*.
(b) Alias : Palmer.

Numéro	Entrée dans la Compagnie — Date	Entrée — Province	Martyre — Détails	Martyre — Lieu	Références
534			empoisonné par les schismat.	Erivan *(Arménie)*	M. F. II. 277.
535	1662		massacré par les sauvages	*Nouvelle Grenade*	M. G. B. II. 303.
536	1667 26 sept.	Fland.-Belg.	» »	Hinda *(Nelle-Grenade)*	» »
537	1652 30 mars	Aragon	» »	» »	» »
538	1656 19 sept.	Fland.-Belg.	à coups de flèches	Saypan *(Mariannes)*	» 45.
539		Autriche		*Mexique*	Pf.
540	1672	»	massacré	près Gratz(a) *(Autriche)*	M. G. A. II. 280.
541		France (?)	assassiné par un turc	Chamackié *(Perse)*	M. F. II. 340.
542				*Moravie*	Pf.
543	1637	Angleterre	en prison (Newgate)	Londres *(Angleterre)*	M. G. B. I. 163.
544				*Mexique*	Pf.
545				»	»
546	1673 14 févr.	Portugal	à la suite de tortures	*Maduré*	M. P. I. 117. — Z. 242
547	1630 7 sept.	Angleterre	en prison	Leicester *(Angleterre)*	Foley : série XII, p. 490.
548	1662 17 déc.	Portugal	torturé et mis à mort	Oréjour *(Marava)*	M. P. I. 115(d). — Z. 245.
549	1676	Sicile	à coups de massue	sur les bords de l'Orénoque	M. I. I. 212.
550		France (?)		Baie d'Hudson *(Canada)*	M. F. I. 586.
551				Maragnon	Pf.
552		Sicile	à coups de flèches	Caborca *(Mexique)*	M. I. I. 396.
553			déporté après tortures	Tonkin	M. P. II. 160.
554			en prison		
555	1668 14 oct.	Bohême	massacré	*Pérou*	M. G. A. II. 360.
556	1647 7 juin	Portugal	sous les mauvais traitements	Tonkin	M. P. II. 207.
557	1678	Autriche	à coups d'épée	*Transylvanie*	M. G. A. I. 222.
558			en prison	Sinoa *(Cochinchine)*	M. I. I. 612.
559				»	Pf.
560	1675 13 mai	Portugal	en prison	au Tandjaour(e) *(Indes)*	M. P. II. 430. — Z. 277.
561	1660		massacré	par les Moxes *(Pérou)*	M. E. III. 83.
562			massacré par les schismatiques	Fünfkirchen *(Hongrie)*	M. G. A. I. 391.
563			»	» »	» »
564			»	» »	» »
565			»	» »	» »
566				*Pérou*	Pf.

(c) Alias : Bennet.
(d) PRAT, S.J : *B. J. de Britto.* (Bruxelles, 1853).
(e) Actuellement Tanjore.

Généralats : MICHEL-ANGE TAMBURINI ; RETZ II

Identité, degré, nationalité et naissance

Généralat	Numéro	Date du martyre	Nom et prénom	Naissance — Date	Naissance — Lieu
		Report			
MICHEL-ANGE TAMBURINI	567	1708 23 avril	P. Gravier *Jacques*		*France*
	568	» 7 mai	P. Rapal *Stanislas*	1640 7 mai	Fridek (*Silésie*)
	569	1709 6 juill.	P. de Espinosa *Balthasar*	1677	Rioco (*Pérou*)
	570	» » »	P. de Rocca *Thomas*		
	571	1710 17 mai	P. Guilermo *Jean-Joseph*	1672 12 déc.	Templi (*Sardaigne*)
	572	1711 1er juin	P. de Cunha *Emmanuel*	1676	Aldéa Nova da Cabo (*Pg*)
	573	» 18 sept.	P. Cavallero *Luc*	1660	Villamar (*Castille*)
	574	» ?	P. du Béron *Jacques*		Lille (*Flandre*)
	575	» ?	P. Cortyl *Joseph*		Ypres »
	576	1712 ?	Fr. Pie-Xavier...		Tonkin
	577	» ?	P. Mauduit *Pierre*		*France*
	578	» ?	P. de Courbeville *Joseph*		»
	579	1714 ? janv.	P. Faure *Pierre*		»
	580	» ? »	P. Bonnet *Pierre*		»
	581	» ?	P. Elguéa *François*		
	582	1715 11 juill.	[P. Laynez-*François*]	1656	Lisbonne (*Portugal*)
	583	» fin nov.	P. de Blende *Barthélemy*	1675 24 août	Bruges (*Flandre*)
	584	» ? déc.	P. de Arce *Joseph*	1651	las Palmas (*Canaries*)
	585	1717 ?	P. de Sylva *Blaise*		
	586	» ?	P. Maco *Joseph*		
	587	» ?	P. de Niebla *Barthélemy*		
	588	1719 26 août	P. Villar *Jean*		Tancos (*Portugal*)
	589	» 1er oct.	Fr. de Romero *Albert*		Ségovie (*Castille*)
	590	1723 15 juin	P. Messari *Jean-Baptiste*	1673 12 août	Goritz (*Autriche*)
	591	» 11 oct.	P. Bucherelli *François-Marie*	1686	Florence (*Toscane*)
	592	» » »	Fr. Frien *Pierre*		Tonkin
	593	1724 23 août	P. Rasles *Sébastien*	1657 4 janv.	*Franche-Comté*
	594	» ?	P. Quintão *Emmanuel*		*Portugal*
	595	1726 18 août	P. Mourão *Jean*	1681 2 août	»
	596	1729 28 nov.	P. du Poisson *Paul*		*France*
	597	» 11 déc.	P. Souël *Jean*		»
RETZ II	598	1731 9 juin	P. Cantova *Jean-Antoine*		
	599	1732 ?	P. Aulneau *Pierre*		*France*
	600	1734 1er oct.	P. Carranco *Laurent*	1695	Cholula (*Mexique*)

Degré et nationalité

Numéro	Prêtres	Scholastiques	Novices	Coadjuteurs	Portugais	Espagnols	Français	Anglais	Japonais	Italiens	Polonais	Allemands	Austr.-Hongr.	Divers
Report	394	39	50	83	152	69	29	70	62	46	31	16	29	62
567	1						1							
568	1												1	
569	1													1
570	1													1
571	1									1				
572	1				1									
573	1					1								
574	1													1
575	1													1
576				1										1
577	1						1							
578	1						1							
579	1						1							
580	1						1							
581	1													1
582	1				1									
583	1													1
584	1					1								
585	1													1
586	1													1
587	1													1
588	1				1									
589				1		1								
590	1												1	
591	1									1				
592				1										1
593	1						1							
594	1				1									
595	1				1									
596	1						1							
597	1						1							
598	1						1							
599	1						1							
600	1													1
	425	39	50	86	157	72	39	70	62	48	31	16	31	74

Entrée dans la Compagnie et martyre

Numéro	Entrée — Date	Entrée — Province	Martyre — Détails	Martyre — Lieu	Références
567			blessé et empoisonné	Illinois (*Canada*)	M. F. I. 533.
568	1660 9 oct.	Autriche	à coups de pistolets et de sabres	Wsetin (*Hongrie*)	M. G. A. I. 422.
569			à coups de flèches chez les	Mobinas (*Pérou*)	M. E. II. 342.
570			» »	» »	Pf.
571	1688 22 déc.	Sardaigne	massacré	Nahuelhuapi (*Patagonie*)	»
572	1696 11 juill.	Portugal	à la suite de blessures	Maïssour (a) (*Indes*)	M. P. I. 497. — Z. 289.
573	1678	Castille	massacré par les Puizocas	Paraguay	M. E. III. 90.
574				Iles Palaos (*Océanie*)	Pf.
575				»	»
576	1694			Tonkin	»
577			empoisonné par les Brahmes	au Carnate (*Indes*)	M. F. II. 204.
578			»	» »	» »
579			massacré par les indigènes	Iles Nicobar (*Océan Indien*)	M. F. I. 165.
580			»	» »	» »
581			»	Patagonie	Pf.
582	1672 16 oct.	Portugal	empoisonné	Chandernagor (*Bengale*)	M. P. I. 523. — Z. 269.
583	1694	Fland.-Belg.	massacré par les Payaguas	Paraguay	M. G. B. II. 462.
584	1669	Castille	» Guayacurus	»	M. E. 2.
585			» Payaguas	»	Pf.
586			»	»	»
587			»	»	»
588			à coups de massue	Maragnon	M. P. II. 175.
589		Castille	»	Zamucos (*Paraguay*)	Pf.
590	1701	Autriche	mis à mort	Tonkin	»
591	1700	Rome	»	»	M. I. II. 395.
592			»	»	M. P II. 322.
593	1674 25 sept.	Lyon	massacré par les anglais hérét.	Narrantsoak (b) (*Canada*)	M. F. II. 190.
594		Portugal	»	Cochinchine	Pf.
595	1694 22 janv.		empoisonné	Tartarie	M. P. II. 153.
596	1712	Champagne	massacré par les Natchez	Louisiane	Pf.
597			» Yasous	»	»
598			»	Iles Palaos (*Océanie*)	»
599			» Sioux	Louisiane	»
600	1720 4 avril	Mexique	» Péricues	Santiago (*Basse-Californie*)	M. E. III. 161.

(a) Actuellement : Mysore.
(b) Rives du Kennebec, Nouvelle-Angleterre.

| GÉNÉRALAT | NUMÉRO | DATE DU MARTYRE | NOM ET PRÉNOM | DEGRÉ | | | | NATIONALITÉ | | | | | | | | | | NAISSANCE | |
				Prêtres	Scholastiques	Novices	Coadjuteurs	Portugais	Espagnols	Français	Anglais	Japonais	Italiens	Polonais	Allemands	Austr.-Hongr.	Divers	DATE	LIEU
			Report :	425	39	50	86	157	75	39	70	62	48	31	16	31	74		
FRANÇOIS RETZ	601	1734 3 oct.	P. **Tamaral** *Nicolas*	1					1									1686 24 fév.	Séville (*Andalousie*)
	602	1735 17 mai	P. **de Lizardi** *Julien*	1					1									1696	Astéasu (*Guipuzcoa*)
	603	1736 Rameaux	P. **Sénat** *Antoine*	1						1									*France*
	604	» fin juin	Fr. **Nghiem** *Vincent*		1												1		*Tonkin*
	605	1737 12 janv.	P. **Kratz** *Jean-Gaspard*	1											1			1699	Golzheim *près Duren*
	606	» » »	P. **Alvrès** *Barthélemy*	1				1										1707	*Portugal*
	607	» » »	P. **d'Abreu** *Emmanuel*	1				1										1709	»
	608	» » »	P. **da Cunha** *Vincent*	1				1										1708	»
	609	1741 ?	P. **Engers** *Jean*	1											1				*Allemagne*
	610	1744 15 sept.	P. **Castanarez** *Augustin*	1													1	1687	Salta (*Tucuman*)
	611	1747 18 févr.	P. **Herrera** *Jacques*	1					1										*Espagne*
	612	» 19 avril	P. **Beuth** *Jean-Baptiste*	1						1								1706 23 oct.	Strasbourg (*Alsace*)
	613	1748 12 sept.	P. **Henriquès** *Antoine-Joseph*	1				1										1707 13 juin	Lisbonne (*Portugal*)
	614	» 13 »	P. **de Attimis** *Tristan*	1									1					» 28 juill.	Frioul (*Italie*)
	615	1750 28 juill.	P. **Duhan** *Arnulphe*	1						1									*France*
Visconti	616	1751 ?	P. **Tello** *Thomas*	1					1										*Espagne*
	617	» ?	P. **Rohen** *Henry*	1											1				*Westphalie*
	618	1754 22 oct.	P. **Casado** *Joseph*	1					1										Villanueva de Duero
Centurione	619	1756 6 »	P. **Ugalde** *François*	1					1									1727	Larrabezua (*Biscaye*)
	620	» » »	P. **Harto** *Romain*	1					1										*Navarre*
LAURENT RICCI	621	1759 ? mars	P. **da Motta** *Jean*	1				1											*Portugal*
	622	» ? »	P. **Machado** *Jean*	1				1											*Portugal*
	623	» ? juill.	P. **Virot** *Claude-François*	1						1								1721 16 fév.	*France*
	624	» 28 oct	Fr. **de Almeida** *Emmanuel*				1	1											*Portugal*
	625	» 19 nov.	P. **Francisco** *Antoine*	1				1											
	626	» 3 »	P. **de Mesquita** *Joseph*	1				1											*Portugal*
	627	» ? »	P. **de Barros** *François*	1				1											
	628	» 17 déc.	Fr. **Moniz** *Jean*		1			1											Lisbonne (*Portugal*)
	629	» 31 »	Fr. **de Moura** *Dominique*				1	1										1668	*Portugal*
	630	1760 2 janv.	Fr. **Ribeiro** *Louis*		1			1											Braga (*Portugal*)
	631	» ? fév.	P. **Pereira** *François*	1				1											Porto
	632	» ? »	P. **Franco** *Louis*	1				1											»
	633	» 28 »	P. **Alberto** *Louis*	1				1											Camarate
				453	42	50	88	178	79	43	70	62	49	31	19	31	79		

[a] Alias : par les Salinas.
[b] Ou Ketcho.
[c] Aug. M. Colombel, S. J. : *Hist. de la Mission du Kiang-Nan*, 2e partie, p. 758.

| NUMÉRO | ENTRÉE DANS LA COMPAGNIE | | MARTYRE | | RÉFÉRENCES |
	DATE	PROVINCE	DÉTAILS	LIEU	
601	1701	Betique	massacré par les Péricues	*Basse Californie*	M. E. III. 178.
602	1713	Castille	à coups de flèches par les	Chiriguanes [a] (*Paraguay*)	M. E. II. 85.
603		France	brûlé par les Tchicachas	Illinois (*Louisiane*)	M. F. I 402.
604			en prison après tortures	*Tonkin*	M. P. I. 570.
605	1731	V. pr. Chine	torturé décapité	Hanoï [b] (*Tonkin*)	M. G. A. I. 33.
606			»	» »	M. P. I. 40.
607			»	» »	» »
608			»	» »	» »
609			en prison	*Tonkin*	Pf.
610	1604		massacré par les Mataguayos	*Paraguay*	M. E. III. 77.
611				*Tucuman* (*Chili*)	Pf.
612	1724 25 sept.	France	à la suite de tortures	Macao (*Chine*)	M. F. I. 521.
613	1727 25 déc.	Portugal	torturé, étranglé	Sou-tchéou »	M. P. II. 227. [c]
614	1725 28 juill.	Venise	»	» »	M. I. II. 304. [c]
615			suites de flagellation, bastonnade	Julfa [d] (*Perse*)	M. F. II. 102.
616				Caborca, Sonora (*Mexique*)	W. L. 1897. XXVI. 312 et 315.
617				» »	» »
618			massacré par les Maïnas	*Paraguay*	M. E. III. 273.
619	1743		» Mataguayos	»	195.
620			» »	» »	
621			en prison	Porto (*Portugal*)	J. C.
622			»	» »	»
623	1738 10 oct.	Toulouse	massacré par les Iroquois	Genessee (*Canada*)	W. L. 1897. XXVI. 312.
624		Brésil [e]		Coïmbre (*Portugal*)	J. C.
625			en prison	Azeitão (*Portugal*)	PP. 243.
626				près Porto »	M. P. II. 397.
627		Portugal		» »	J. C.
628			déporté, en mer	» »	M. P. II. 264.
629		Brésil	en prison	Azeitão (*Portugal*)	PP. 250.
630			dans le port de	Gênes (*Italie*)	J. C.
631		Goa		Goa (*Indes*)	»
632		»		» »	»
633		Brésil	en prison	Azeitão (*Portugal*)	PP. 233.

[d] Près Ispahan.
[e] Pour les victimes de Pombal et de d'Aranda, la province indiquée est généralement celle à laquelle ils appartenaient au moment de la déportation ou de l'emprisonnement.

GÉNÉRALAT : **LAURENT RICCI** (numéros 634–666)

			DEGRÉ				NATIONALITÉ										NAISSANCE	
NUMÉRO	DATE DU MARTYRE	NOM ET PRÉNOM	Prêtres	Scholastiques	Novices	Coadjuteurs	Portugais	Espagnols	Français	Anglais	Japonais	Italiens	Polonais	Allemands	Austr.-Hongr.	Divers	DATE	LIEU
		Report.	453	42	50	88	170	79	43	70	62	49	31	19	31	79		
634	1760 ? mars	P. de Fonseca *Antoine*	1				1										Montemor (*Portugal*)
635	» ? »	P. José *Augustin*	1													1		Bahia (*Brésil*)
636	» ? »	P. José *Théotonio*	1													1		San-Salvador (*Brésil*)
637	» ? avril	Fr. Pereira *Jean*				1	1											Chaves (*Portugal*)
638	» ? »	P. Joaquim *Joseph*	1				1											Porto »
639	» ? »	P. Cabral *Joseph*	1				1											Miranda »
640	» ? »	P. Saléma *Marcellin*	1				1											Figa »
641	» 11 mai	P. Gomez *Vincent*	1				1											*Portugal*
642	» 12 »	P. Pacheco *Corneille*	1				1											»
643	» 15 »	P. de Lyra *François*	1				1											»
644	» 23 »	P. Paolo *Jean*	1				1											»
645	» 10 août	P. Ferreira *Emmanuel*	1				1											»
646	» 15 »	P. Ferreira *Joseph*	1				1											»
647	» 2 sept.	P. de Païva *Benoît*	1				1											»
648	» 7 »	P. Théodoro *Pierre*	1				1											»
649	» 9 »	Fr. Monteiro *Gonzalve*				1	1											»
650	» 17 »	P. Géraldès *Joseph*	1				1											»
651	» 19 »	F. Vieira *Dominique*		1													1		*Portugal*
652	» 13 oct.	P. Ribero *Gérard*	1				1											»
653	» 26 nov.	P. Simões *Antoine*	1				1											»
654	» » »	P. da Veiga *François*	1				1											
655	» 11 déc.	P. Xavier *Ignace*	1													1		
656	» ? (a)	P. Fuséo *Sébastien*	1									1						*Calabre*
657	» ? (b)	Fr. Pacheco *François*				1	1											*Portugal*
658	» ?	P. Gonzalès *Roch*	1				1											»
659	» ?	P. de Figueireido *Joseph*	1				1											»
660	1761 9 janv.	Fr. Ferreira *Alexandre*				1										1		
661	» 19 »	P. Borni *Richard*	1							1								*Irlande*
662	» 23 »	P. Viveiros *Joseph*	1				1											*Portugal*
663	» 28 »	P. Lopez *Jean*	1				1											»
664	» 9 fév.	P. de Anchieta *Joseph*	1				1											»
665	» 18 »	P. Paës *Antoine*	1				1										1691	»
666	» 24 »	P. Tavorda *Emmanuel*	1													1		»
			481	43	50	92	195	79	43	71	62	50	31	19	31	85		

(*) 29 octobre.
(b) 25 mars.

	ENTRÉE DANS LA COMPAGNIE		MARTYRE			
	DATE	PROVINCES	DÉTAILS	LIEU	RÉFÉRENCES	NUMÉRO
634		Goa		Goa (*Indes*)	J.-C.	634
635		»		» »	»	635
636		»		» »	»	636
637		»		» »	»	637
638		»		» »	»	638
639		»		» »	»	639
640		»		» »	»	640
641		Brésil	en mer, entre Pernambuco	et Lisbonne	M. P. I. 448. PP. — 243.	641
642		»	»	»	» » PP. 251.	642
643		»	» »	»	» » PP. 247.	643
644		»	» »	»	» » PP. 251.	644
645		» (?)		Para (*Brésil*)	J.-C.	645
646		» (?)		» »	»	646
647			en mer	»	»	647
648		Portugal	en mer, entre les Açores	et Lisbonne	PP. 257.	648
649		Brésil	en prison	Azeitâo (*Portugal*)	» 249.	649
650		»	»	» »	» 243.	650
651		Maragnon	»	» »	» 258.	651
652		»	en mer entre le Maragnon	et Lisbonne	» 253.	652
653		»	» »	»	» 255.	653
654		»	» »	»	» 258.	654
655		»	» »	»	» 243.	655
656		»	en prison	Azeitao (*Portugal*)	» 258.	656
657		Brésil	en mer entre Rio-Janeiro	et Lisbonne	» 251.	657
658		Portugal	en prison	Porto (*Portugal*)	» 244.	658
659		Brésil	entre Peay et Bahia	*Brésil*	» 242.	659
660		Goa	en mer	entre Goa et Lisbonne	» 241.	660
661			en prison	Azeitâo (*Portugal*)	» 236.	661
662		Brésil	»	»	» 258.	662
663		Portugal	»	» »	» 247.	663
664		Goa	en mer	entre Goa et Lisbonne	» 235.	664
665		Brésil	en prison	Almeida (*Portugal*)	M. P. II. 497. — PP. 251.	665
666		Maragnon	»	Azeitao »	PP. 257.	666

GÉNÉRALAT : LAURENT RICCI

Généralat	Numéro	Date du martyre	Nom et prénom	Prêtres	Scholastiques	Novices	Coadjuteurs	Portugais	Espagnols	Français	Anglais	Japonais	Italiens	Polonais	Allemands	Austr.-Hongr	Divers	Naissance Date	Naissance Lieu
LAURENT RICCI			Report :	481	43	50	92	195	79	43	71	62	50	31	19	31	85		
	667	1761 2 mars	Fr. Burroni Dominique		1								1						Italie
	668	» 17 »	P. Gumb Simon	1											1				Allemagne
	669	» 29 »	Fr. de Medeiros François				1	1											Portugal
	670	» 4 avril	Fr. Keller Jean-Paul		1										1				Allemagne
	671	» 26 »	Fr. Corréa Charles				1	1											Portugal
	672	» 28 »	Fr. Vanelli Raymond		1								1						Italie
	673	» 29 »	P. Mendez Matthieu	1				1											Portugal
	674	» 1er mai	P. Moreira Antoine	1				1											»
	675	» 5 »	P. da Costa Grégoire	1				1											»
	676	» 6 »	P. Lopez Alexandre	1				1											»
	677	» 7 ».	P. Mautner Joseph	1											1				Allemagne
	678	» 8 mai	Fr. Luis Joseph				1	1											Portugal
	679	» » »	P. Pinto Gonzalve	1				1											»
	680	» 9 »	P. Dias Salvador	1				1											»
	681	» 10 »	P. de Mendonça Joseph	1				1											»
	682	» » »	P. Duarte Antoine	1				1											»
	683	» 11 »	P. Teixeira Antoine	1				1											»
	684	» 15 »	P. Pereira Antoine	1				1											»
	685	» » »	P. de Macedo Philippe	1				1											»
	686	» 16 »	P. de Castro Jean	1				1											»
	687	» 17 »	P. Pigado Louis	1				1											»
	688	» » »	Fr. Vieira Michel				1	1											»
	689	» 20 »	P. Xavier Vincent	1				1											»
	690	» 30 »	P. José Emmanuel	1				1											»
	691	» 31 »	Fr. Rodriguez Emmanuel				1	1											»
	692	» 19 juin	P. Lopez Louis	1				1											»
	693	» 23 »	Fr. Alberto François				1	1											»
	694	» 24 »	P. Ferreira Antoine	1				1											»
	695	» 9 sept.	P. de Matta Antoine	1				1											»
	696	» 21 »	P. de Malagrida Gabriel	1									1					1689 18 sept.	Menaggio (Italie)
	697	1762 3 janv.	Fr. de Carvalho Jean		1												1		
	698	» 24 mars	Fr. King Ernest		1						1								Angleterre
	699	» 27 juill.	P. Barca Jacques	1									1						Italie
	700	» 24 oct.	P. de Torrès Antoine	1				1										1690	Portugal
				504	48	50	98	220	79	43	72	62	54	31	22	31	86		

Entrée Date	Entrée Province	Martyre Détails	Martyre Lieu	Références	Numéro
	Goa	en mer	entre Goa et Lisbonne	PP. 257.	667
	»	»	» »	» 244.	668
	»	»	» »	» 248.	669
	»	»	» »	» 246.	670
	Brésil	en prison	Azeitâo (Portugal)	» 239.	671
	Goa	en mer	entre Goa et Lisbonne	» 257.	672
	»	»	» »	» 249.	673
	Maragnon	en prison	Almeida (Portugal)	» »	674
	Goa	en mer	entre Goa et Lisbonne	» 239.	675
	»	»	» »	» 246.	676
	»	»	» »	» 248.	677
	»	»	» »	» 247.	678
	»	»	» »	» 252.	679
	»	»	» »	» 240.	680
	»	»	» »	» 249.	681
	»	»	» »	Pf	682
	»	»	» »	PP. 257.	683
	»	»	» »	» 251	684
	»	»	» »	» 247.	685
	»	»	» »	» 238.	686
	»	»	» »	Pf.	687
	»	»	» »	PP. 253.	688
	»	»	» »	» »	689
	»	en prison	Azeitâo (Portugal)	» 245.	690
	»	»	Trafaria »	J. C.	691
	»	»	Azeitâo »	PP. 247.	692
	»	»	» »	» 233.	693
	»	»	» »	» 241.	694
	Brésil	»	» »	» 248.	695
1711 27 sept.	Milan	brûlé vif	Lisbonne »	M. P. II. 254 (a).	696
	Brésil	en prison	Azeitâo »	PP. 238.	697
	Portugal	»	Saint-Julien »	» 246.	698
	Brésil	»	Azeitâo »	» 235.	699
	Portugal	»	Saint-Julien »	» 257.	700

(*) Paul Mury, S. J. : *Gabriel Malagrida* (Paris. Douniol. 1865).

GÉNÉRALAT	NUMÉRO	DATE DU MARTYRE	NOM ET PRÉNOM	DEGRÉ: Prêtres	Scholastiques	Novices	Coadjuteurs	NATIONALITÉ: Portugais	Espagnols	Français	Anglais	Japonais	Italiens	Polonais	Allemands	Austr.-Hongr.	Divers	NAISSANCE: DATE	NAISSANCE: LIEU	ENTRÉE DANS LA COMPAGNIE: DATE	ENTRÉE DANS LA COMPAGNIE: PROVINCE	MARTYRE: DÉTAILS	MARTYRE: LIEU	RÉFÉRENCES	NUMÉRO
			Report :	504	48	50	98	220	79	43	72	62	54	31	22	31	86								
LAURENT RICCI	701	1763 12 fév.	P. de Sequeira *Louis* (a)	1				1										1693 4 sept.	Lisbonne (*Portugal*)	1709 1er sept	Portugal	en mer dans le por de	Talichéri (*Malabar*)	M. P. II. 130. — PP. 255. (b)	701
	702	» 17 août	P. Eruaso *Antoine* (c)	1													1					massacré par les Guayacurus	*Paraguay*	W L. 1897. xxvi. 312.	702
	703	» 30 nov.	P. de Seixas *Vincent*	1				1											Lisbonne (*Portugal*)			en prison	Saint-Julien (*Portugal*)	J.-C.	703
	704	» 21 déc.	Fr. Mazzi *Jean*				1						1						Rome (*Italie*)		Brésil	»	Azéitão »	PP 248.	704
	705	1764 7 janv.	P. de Moraès *Joachim*	1				1											*Portugal*		»	»	» »	» 249.	705
	706	» 30 avril	P. de Neuvialle *Jean-Sylvain*	1						1								1696 1er fév.	Angoulême (*France*)	1711 21 sept.		déporté	sur la côte d'*Afrique australe*	M. F. I. 564. — PP. 250. (b)	706
	707	» 8 mai	P. Boussel *Gabriel*	1						1								1699 23 avril	Clermont (*Auvergne*)	1717 12 oct.		»	» »	» 599. » 237. (b)	707
	708	» 11 »	Fr. Gonzalvès *Emmanuel*				1	1											*Portugal*		v. pr. Chine	en mer	entre Goa et Lisbonne	M. P. II. 130 » 244.	708
	709	» 16 »	P. Simoès *Antoine*	1				1										1689	»		»	»	Bahia (*Brésil*)	» » » 255. (b)	709
	710	» ? (d)	P. de Guaspe *Antoine* (e)	1					1										*Espagne*			massacré	*Paraguay*	W. L. 1897. xxvi. 312.	710
	711	avant 1765	P. Esaudi *Jean*	1					1									1730 16 mars	*Navarre*	1752 18 juin	Castille	massacré par les Maures	*Philippines*	Pf.	711
	712	1765 11 jan.	P. dos Santos *Joseph*	1				1										1715	*Portugal*		Goa	en prison	Saint-Julien (*Portugal*)	PP.254.	712
	713	» 27 fév.	Fr. da Cunha *François*		1												1	» 13 déc.	Nankin (*Chine*)	1740 2 nov.	v. pr. Chine	»	» »	M. P. I. 199. — PP. 239. (b)	713
	714	» 6 juin	Fr. d'Almeida *Simon*				1	1										1718 25 »	Viseu (*Portugal*)	» 18 mars	Portugal	»	» »	PP. 234. (b)	714
	715	» 20 »	P. Dias *Emmanuel*	1				1										1704	*Portugal*		Goa	»	» »	» 240.	715
	716	» 4 sept.	P. Pedemonti *Joseph*	1									1					1734	*Italie*		»	»	» »	PP. 251.	716
	717	» 15 nov.	P. de Franca *Jules*	1				1											*Portugal*		Brésil	»	Azeitão »	» 242.	717
	718	» 16 »	P. Alvarès *Louis*	1				1										1699	»		Maragnon	»	Saint-Julien »	» 235.	718
	719	» 22 »	P. Martin *Honoré*	1						1								1674	*France*		Brésil	»	Azeitão »	» 248.	719
	720	» ?	Un Père inconnu	1						1									»			massacré	Lac des bois (*Canada*)	Pf.	720
	721	1766 16 fév.	Fr. Mendez *Emmanuel*				1	1											*Portugal*		Portugal	en prison	Azeitão (*Portugal*)	PP. 249,	721
	722	» 20 mars	Fr. Robiati *Jean*				1						1						*Italie*		Brésil	»	» »	» 253.	722
	723	» 4 avril	Fr. de Fonseca *Cajétan*				1	1											*Portugal*		Portugal	»	» »	» 242.	723
	724	» 17 »	P. da Sylva *Emmanuel*	1				1										1696	»		Maragnon	»	Saint-Julien »	» 256.	724
	725	» 26 »	P. Mucci *François*	1									1					1702	*Italie*		Naples	»	» »	» 250.	725
	726	» 29 mai	P. de Carvalho *Christophe*	1													1				Maragnon	»	Azeitão »	» 237.	726
	727	» 11 août	P. da Costa *François*	1				1										1690	*Portugal*		Japon	»	Saint-Julien »	M. P. II. 130. — PP. 239.	727
	728	» 15 déc.	P. Lopez *Étienne*	1				1										1692	»		»	»	» »	» 531. » 247.	728
	729	1767 12 janv.	P. Fay *David*	1													1	1722	*Hongrie*		Autriche	»	» »	M. G. A. I. 32. » 241.	729
	730	» 24 »	P. Wolff *François*	1														1707	*Allemagne*	1723	Bohême	»	» »	» 79. » 258.	730
	731	» 17 mai	P. Atela *François*	1					1							1		1701	Mungnia (*Biscaye*)	»	Castille	en mer au large de	la Corogne (*Espagne*)	M. E. II 89.	731
	732	» 16 juill.	P. Fernandez *Antoine*	1				1											*Portugal*		Goa	en prison	Azeitão (*Portugal*)	PP. 241.	732
	733	» 24 »	Fr. Coz *Jean-Baptiste*		1				1									1741	*Castille*	1760	Castille	en mer dans le port de	Calvi (*Corse*)	M. E. II. 428.	733
				529	50	50	104	236	88	47	72	62	58	31	23	34	89								

(a) Alias : de Figuera.
(b) Aug. M. Colombel, S. J., : *Hist. de la mission du Kiang-Nan*, 2e partie, pages 806 à 810.
(c) Alias : Arnão.

(d) Alias : 1754.
(e) Alias : Quaspe.

Page 52 — Généralat **LAURENT RICCI**

GÉNÉRALAT	NUMÉRO	DATE DU MARTYRE	NOM ET PRÉNOM	Prêtres	Scholastiques	Novices	Coadjuteurs	Portugais	Espagnols	Français	Anglais	Japonais	Italiens	Polonais	Allemands	Austr.-Hongr.	Divers	DATE	LIEU
			Report :	529	50	50	104	236	83	47	72	62	56	31	23	32	89		
LAURENT RICCI	734	1767 15 août	P. Barretto *Joachim*	1				1											*Portugal*
	735	» 3 sept.	P. Carvalho *Joachim*	1				1										1715	»
	736	» ?	P. Palamino *Joseph*	1													1		
	737	1768 22 avril	P. Mesner *Jean-Joseph*	1												1			*Bohême (?)*
	738	» ? »	P. de Moncada *Balthazar*	1													1	1683	*Pérou*
	739	» 14 mai	P. Reysner *Joseph*	1											1				Dillingen (*Bavière*)
	740	» 25 »	Fr. de Checa *Jean*				1		1									1688	Caravaca (*Espagne*)
	741	» av. sept.	P. Kirtzel *Henri*	1											1				*Allemagne*
	742	» » »	P. Cava *Sébastien*	1					1										*Espagne*
	743	» 1er sept.	P. Pereira *Nicolas*	1													1		Lataclan (*Mexique*)
	744	» » »	P. Villaroja *François*	1					1										*Espagne*
	745	» » »	P. Lemera *Michel*	1													1		Talpujuyaga (*Mexique*)
	746	» 2 »	P. Merino *Lucas*	1													1		
	747	» 3 »	P. de Rappicaneis *Alex.*	1											1				Brême (*Allemagne*)
	748	» 4 »	P. Rondero *Joseph*	1													1		Los Angeles (*Mexique*)
	749	» » »	P. Laguna *Pie*	1													1		Chiapas »
	750	» » »	P. Pascua *Xavier*	1													1	1732 14 avril	Antiquera (*Colombie*)
	751	» 7 »	P. Hlawa *François*	1												1			Prague (*Bohême*)
	752	» 11 »	P. Nentvick *Jean*	1											1				*Allemagne*
	753	» 14 »	Fr. Diaz *Pierre*		1												1	1748	Mexico (*Mexique*)
	754	» 24 »	P. Aguirre *Emmanuel*	1					1										près Pampelune (*Esp.*)
	755	» 27 »	P. Berra *Fernand*	1													1		Guanajuato (*Mexique*)
	756	» ? oct.	Fr. Liebana *Joseph*				1										1		*Mexique*
	757	» ? »	P. Sanchez *Raymond*	1					1										*Espagne*
	758	» ? »	P. Leroi *Maximilien*	1						1									Cambrai (*France*)
	759	» 16 nov.	P. Saenz *Barthélemy*	1					1										*Espagne*
	760	» 23 nov.	P. Perez de Aragon *François*	1													1	1692	Zacatecas (*Mexique*)
	761	» 9 déc.	P. Marquez *Augustin*	1													1	1714	*Mexique*
	762	1769 1er mai	P. Corréa *Antoine*	1				1											*Portugal*
	763	» 30 nov.	P. Tebaldi *Pierre*	1									1					1716	*Italie*
	764	1770 24 avril	P. Rodriguez *Antoine*	1				1										1700	*Portugal*
	765	vers 1770	P. Pereira *Jean*	1				1											»
	766	» (a)	P. Gonzaga *Emmanuel*	1				1											»
				559	52	50	105	242	89	48	72	62	59	31	27	34	102		

(Colonnes : *Prêtres* à *Coadjuteurs* = DEGRÉ ; *Portugais* à *Divers* = NATIONALITÉ ; *DATE* et *LIEU* = NAISSANCE.)

Page 53

NUMÉRO	ENTRÉE DANS LA COMPAGNIE — DATE	PROVINCE	MARTYRE — DÉTAILS	MARTYRE — LIEU	RÉFÉRENCES
734		Portugal	en prison	Azeitâo (*Portugal*)	PP. 235.
735		Maragnon		Saint-Julien »	» 238.
736			chassé du Mexique	Bica (*Mexique*)	W. L. 1896 XXVI. p. 412.
737		Bohême	sous les mauvais traitements	Andes Péruviennes	M. G. A. I. 378.
738	1698	Pérou	en mer au large de	Carthagène (*Nlle Grenade*)	M. E. I. 656.
739			exilé, épuisé	» »	M. G. A. I. 438.
740	1718	Tolède		entre le Pérou et l'Espagne	M. E. II. 136.
741			chassé du Mexique, épuisé	Aquatacan (*Mexique*)	W. L. 1896. XXVI. p. 412.
742			»	» »	» »
743		Mexique	»	Istla (Ezleta) »	» »
744			»	» »	» »
745		Mexique	»	» »	» »
746			»	» »	» »
747			»	» »	» »
748		Mexique	»	» »	» »
749			»	» »	» »
750			»	» »	» »
751			»	» »	» »
752			»	» »	» »
753		Mexique	»	» »	» »
754			»	Magdalena »	» »
755			»	» »	» »
756		Mexique	»	Ezleta »	» »
757			»	Mochiltic »	» »
758			»	» »	» »
759			»	Téguila »	» »
760	1745	Mexique	en rade de Puerto de Sta-Maria	près Cadix (*Espagne*)	M. E. III. 446.
761	1735	»	»	» »	» 549.
762		Brésil	en prison	Azeitâo (*Portugal*)	PP. 238.
763		Sicile	»	Saint-Julien »	» 257.
764		Goa	»	» »	» 253.
765		Maragnon	déporté d'Azeitâo à	Angola (*Congo*)	M. P. II. 178.
766		»	» »	» »	» » (PP. 243)(a).

(a) Le P. Caeiro indique la mort du P. Gonzaga comme ayant eu lieu le 15 mars 1765 au fort Saint-Julien. Même indication dans *les Prisons de Pombal* du P. Carayon.

Page 54 — GÉNÉRALAT · NUMÉRO · DATE DU MARTYRE · NOM ET PRÉNOM · DEGRÉ · NATIONALITÉ · NAISSANCE

Générialat	Numéro	Date du martyre	Nom et prénom	Prêtres	Scholastiques	Novices	Coadjuteurs	Portugais	Espagnols	Français	Anglais	Japonais	Italiens	Polonais	Allemands	Austr.-Hongr.	Divers	Naissance — Date	Naissance — Lieu
		Report :		559	52	50	105	242	89	48	72	62	59	31	27	34	102		
LAURENT RICCI	767	vers 1770	Fr. Girao *Emmanuel*				1	1											Portugal
	768	»	Fr. da Costa *Emmanuel*				1	1											»
	769	»	Fr. Botelho *Alexandre*				1	1											»
	770	1771 20 sept.	P. da Sylva *Joseph* (a)	1				1										1680	»
	771	» 28 nov.	P. João *Ignace*	1				1										1702	»
	772	» ?	P. dos Reys *Emmanuel*	1				1										1681	»
	773	1772 11 fév.	P. Alexandre *Jean*	1				1										1703 3 avril	Coïmbre (Portugal)
	774	» » »	P. de Mattos *Eusèbe*	1				1										1700	Portugal
	775	» 12 déc.	Fr. Gonzalvès *Antoine*				1	1										1698	»
	776	» 21 »	P. Bautista *Antoine*	1				1										1715	»
	777	1773 6 avril	P. Hundt *Roger*	1											1				Allemagne
	778	» 9 oct.	P. Francesco *Emmanuel*	1				1											Portugal
	779	» 7 déc.	P. Alvarès *Louis*	1				1										1717	»
	780	1774 10 avril	P. Franco *Jean*	1				1										1699	»
	781	» 25 »	Fr. Lincens *Guillaume*				1				1							1712	Angleterre
	782	» 28 mai	P. de Albuquerque *François*	1				1										»	Portugal
	783	» 24 oct. (b)	P. de Figueredo *Jean*	1				1										1706	»
	784	» ?	P. da Cunha *Nunez*	1				1											»
	785	1775 20 août	P. de Rocha *Joseph*	1				1										1715	»
	786	» 5 oct.	P. Alfonso *Emmanuel*	1				1										1709	»
SUPPRESSION	787	» ou 1776	P. Pereira *Jules*	1				1											»
	788	1776 19 janv.	P. Daniel *Jean*	1				1										1722	»
	789	» 24 juill.	P. da Cruz *Théodore*	1				1										1710	»
	790	1777 1er fév.	P. Stanislão *Ignace*	1				1										1713	»
	791	1757 à 1777	P. da Costa *Hyacinthe*	1				1											»
	792	»	P. de Faria *Louis*	1				1											»
	793	»	P. de Mattos *Jean*	1				1											»
	794	»	P. Moreira *Joseph*	1				1											»
	795	»	Fr. Gonzalvez *Antoine*				1	1											»
	796	1778 ?	P. de Horta *Nunzio*	1													1		
	797	après 1778	P. Tralse	1													1		
	798	1782 4 avril	P. Camerini *François-Xavier*	1									1					1731	Italie
	799	1785 ?	P. de la Roche *Jean-Baptiste*	1						1								1704 3 mars	Paris (France)
	800	1786 ? fév.	P. Simonelli *Jean*	1													1	1714 25 fév.	Kiang-si (Chine)
				587	52	50	111	269	89	49	73	62	60	31	28	34	105		

(a) Alias : Emmanuel.
(b) Alias : Mai.

Page 55 — ENTRÉE DANS LA COMPAGNIE · MARTYRE · RÉFÉRENCES · NUMÉRO

Entrée — Date	Entrée — Province	Martyre — Détails	Martyre — Lieu	Références	Numéro
	Maragnon	déporté d'Azeitao à	Angola (Congo)	M. P. II. 178. — PP. 243.	767
	»	»	» »	» » » 239.	768
	Portugal	»	» » »	» » » 236.	769
	Goa	en prison	Saint-Julien (Portugal)	» 130. » 256.	770
	»	»	» »	PP. 245.	771
	Brésil	detenu en ville	Azeitão »	M. P. II. 496. — PP. 252.	772
1718 11 déc.	Portugal	en prison	Saint Julien »	M. P. II. 140. PP. 234.	773
	Goa	»	» »	PP. 248.	774
	Maragnon	»	» »	» 244.	775
	Brésil	»	» »	» 236.	776
	Rhin Inf.	»	» »	» 245.	777
	Goa	»	» »	» 243.	778
	Brésil	»	» »	» 234.	779
	Goa	»	» »	» 242.	780
	Brésil	»	» »	» 246.	781
	Goa	»	» »	M. P. I. 487. — PP. 234.	782
	»	»	» »	PP. 242.	783
	Portugal	»	Viana »	» 239.	784
	Maragnon	»	Saint-Julien »	» 253.	785
	»	»	» »	» 234.	786
	»	»	Pedroso »	M. P. II. 497. — PP. 251.	787
	»	»	Saint-Julien »	PP. 239.	788
	»	»	» »	» »	789
	»	»	» »	» 255.	790
	Portugal	»	? »	» 239.	791
	»	»	? »	» 241.	792
	»	»	? »	» 248.	793
	»	»	(Belem) »	» 250.	794
	»	»	» »	» 244.	795
	»	»	Tonkin	W. L. 1897. xxvi. 313.	796
			Old-Town Maine (E.V.)	Pf.	797
1749	Rome		Tonkin	M. I. I. 402.	798
1722 5 oct.	France	en prison	Chine	Pf.	799
1743 19 mars	Chine	»	Pékin (Chine)	»	800

GÉNÉRALAT : SUPPRESSION

NUMÉRO	DATE DU MARTYRE	NOM ET PRÉNOM	Prêtres	Scholastiques	Novices	Coadjuteurs	Portugais	Espagnols	Français	Anglais	Japonais	Italiens	Polonais	Allemands	Austr.-Hongr.	Divers	NAISSANCE DATE	NAISSANCE LIEU	ENTRÉE DANS LA COMPAGNIE DATE	ENTRÉE PROVINCE	MARTYRE DÉTAILS	MARTYRE LIEU	RÉFÉRENCES	NUMÉRO
		Report :	587	52	50	111	269	89	49	73	62	60	31	28	34	105								
801	1788 ?	P. King *Thomas*	1							1								*Angleterre*				*Corée*	W. L. 1897. xxvi. 313.	801
802	1791 18 oct.	P. de Nolhac *Antoine*	1						1									Toulouse (*Languedoc*)		Toulouse	mass. par les révolutionnaires	Avignon (*France*)	M. F. II. 399. (a)	802
803	1792 20 juill.	P. de Lartigue *Pierre*	1						1									Clérac (*Gascogne*)			» »	Clérac (*Gascogne*)	» 73.	803
804	» 2 sept	P. le Rousseau *Vincent*	1						1								1726 3 juill.	près Quimper (*Bret.*) (b)	1743 11 oct.	France	» »	aux Carmes, Paris (*France*)	» 232.	804
805	» » »	P. Bonnaud *Jacques-Jules*	1						1								1740 27 oct.	St Domingue (*Antilles*)	1758 20 déc.	»	» »	» »	» »	805
806	» » »	[P. de la Ville-Croix *Nicolas*]	1						1									*France*		»	» »	» »	» »	806
807	» » »	P. Charton de Millou *Jean*	1						1								1736 17 oct.	Lyon (*France*)	1751 7 sept.	Lyon	» »	» »	» »	807
808	» » »	P. Gagnières des Granges (c)	1						1								1722 23 mai	Chambéry (*Savoie*)	1740 2 »	Toulouse	» »	» »	» »	808
809	» » »	P. Delfaut *Guillaume*	1						1								1733 5 avril	Daglan (*Gascogne*)	1752 21 oct.	»	» »	» »	» 233.	809
810	» » »	P. Durvé-Friteyre *Jacques*	1						1								1723 18 »	Marsac (*Auvergne*)	1742 30 août	»	» »	» »	» »	810
811	» » »	P. le Gué *Charles-François*	1						1								1724 6 oct.	Rennes (*Bretagne*)	1741 28 déc.	France	» »	» »	» »	811
812	» » »	P. Thomas *Lupus* (d)	1						1								1719 19 sept.	Entrains (*Nièvre*)	1734 7 sept.	Champagne	» »	» »	» 236.	812
813	» » »	P. Balmain *François*	1						1								1733 25 mai	Luzy (*Autun*)	1753 20 juill.	»	» »	» »	» 237.	813
814	» » »	P. Cayx *Claude* (e)	1						1								1726 6 nov.	Martel (*Cahors*)	1744 8 oct.	Toulouse	» »	» »	A. F.	814
815	» » »	P. Béraud du Pérou *Charl.*	1						1								1737 17 »	Saintes (*Saintonge*)	1753 19 sept.	France	» »	» »	»	815
816	» » »	P. La Porte *Claude-Antoine*	1						1								1734 6 déc.	Brest (*Bretagne*)	» 24 »	»	» »	» »	M. F. II. 237.	816
817	» » »	P. Vareilhe-Duteil *François*	1						1								» 15 juin	Felletin (*Limousin*)	1751 22 nov.	Aquitaine	» »	» »	» »	817
818	» 3 »	P. Andrieux *René-Marie*	1						1								1742 16 fév.	Rennes (*Bretagne*)	1761 27 sept.	France	» »	Saint-Firmin, Paris »	A. F.	818
819	» » »	P. Herque du Roure *Éloi*	1						1								1741 31 mai	Lyon (*France*)	1758 7 »	Lyon	» »	» »	»	819
820	» » »	P. Seconds *Antoine*	1						1								1734 3 sept.	Rodez »	1750 6 nov.	Toulouse	» »	» »	»	820
821	» » »	P. Benoît *Jean-Marie-Fr.* (f)	1						1								1731 26 mars	*France*	1746 7 sept.	Lyon	» »	» »	M. F. II. 240.	821
822	» » »	P. Guérin du Rocher *Pierre*	1						1								» 1er »	Ste-Honorine (*Norm.*) (gg)	1745 10 »	France	» »	» »	» »	822
823	» » »	P. Guérin du Rocher *Robert*	1						1								1736 23 oct.	Le Repas » (g)	1752 25 »	»	» »	» »	» »	823
824	» » »	P. Verron *Nicolas-François*	1						1								1740 7 nov.	Quimper (*Bretagne*)	1757 » »	»	» »	» »	» »	824
825	» 4 »	P. le Livec de Trésurin *Fr.*	1						1								1726 5 mai	» »	1741 29 »	»	» »	la Force, Paris (*France*)	» 243.	825
826	» 5 »	P. Lanfant *Alexandre*	1						1								1726 9 sept.	Lyon (*France*)	« 7 »	Lyon	» »	l'Abbaye, Paris »	» 245.	826
827	1793 1er oct.	P. Cordier *Nicolas*	1						1								1710 4 déc.	*France*	1728 28 »	Champagne	déporté en rade	Rochefort »	» 378.	827
828	» 21 déc.	P. Dervillé *Julien* (h)	1						1								1725 29 déc.	»	1744 3 »	France	guillotiné	Paris »	» 626.	828
829	1794 5 janv.	P. Sermonet *François-Joseph*	1						1								1716 19 sept.	Obernai (*Flandre*)	1733 29 oct.	Champagne	sous les mauvais traitements	Belfort (*Alsace*)	M. F. I. 24.	829
830	» 11 fév.	P. Ferry *Charles-Dominique*	1						1								1710 4 août	Monaco (*Provence*)	1736 3 mars	Lyon	guillotiné	Paris (*France*)	» 230.	830
831	» 18 »	P. Duplex *Gabriel*	1						1								1726 2 janv.	Lyon (*France*)	1744 7 sept.	»	»	Lyon »	» 257.	831
832	» 7 avril	P. Moreau *Philippe-Gaspard*	1						1								1726 31 »	*France*	1745 31 août	Champagne	noyé	Nantes (*Bretagne*)	» 469.	832
833	» 9 juin	P. Imbert *Joseph*	1						1								1721 5 déc.	Marseille (*Provence*)	1748 16 avril	Lyon	déporté	Ile d'Aix (*Saintonge*)	» 716.	833
			620	52	50	111	269	89	81	74	62	60	31	28	34	105								

(*) Pour les Martyrs de la Révolution française, consulter les Archives de la Province de France : manuscrits et recherches des PP. de Gabriac et Vivier. — Pour les Martyrs des Carmes, consulter les récents travaux des PP. Galinand et Fouqueray.

(b) A Châteauneuf-du-Faou.
(c) Claude-François
(d) Dit Bonnotte.
(e) Dit Dumas.
(f) Dit Vourlat.
(g) Diocèse de Séez.
(h) Alias : Derviler, d'Hervillé.

Généralat	Numéro	Date du martyre	Nom et prénom	Prêtres	Scholastiques	Novices	Coadjuteurs	Portugais	Espagnols	Français	Anglais	Japonais	Italiens	Polonais	Allemands	Austr.-Hongr.	Divers
			Report :	620	52	50	111	269	89	81	74	62	60	31	28	34	105
SUPPRESSION	834	1794 7 juill.	P. Fiteau *Jean*	1						1							
	835	» 26 »	P. Rouville *François-Aug.*	1						1							
	836	» 28 »	P. Raymond *Antoine*	1						1							
	837	» 2 août	P. Macusson *Gilbert-Isaac*	1						1							
	838	» 20 »	P. Luchet de la Mothe *Mich.*	1						1							
	839	» ? sept.	P. Baudoin *Pierre*	1						1							
	840	» ?	P. Brunet *Charles*	1						1							
	841	» ?	P. Romécour *Alexis-Franç.*	1						1							
	842	» ?	P. Barazer de Lannurien (a)	1						1							
	843	vers 1794	P. Dubois *Henri*	1						1							
	844	» »	P. Deschamps *Jean-Pierre*	1						1							
	845	» »	P. Salomon *Dominique*	1						1							
	846	» »	P. le Bansais *Siméon*	1						1							
	847	1799 6 janv.	P. Fédon *Pierre*	1						1							
Fortis	848	1822 17 nov.	P. de Urigoitia *Jean*	1													1
JEAN ROOTHAAN	849	1834 17 juill.	P. Fernandez *Casto*	1					1								
	850	» » »	P. Artigas *Jean*	1					1								
	851	» » »	P. Fernandez *Joseph*	1					1								
	852	» » »	P. Sauri *Jean*	1					1								
	853	» » »	Fr. Eiola *Jean*		1				1								
	854	» » »	Fr. Urrieta *Joseph*		1				1								
	855	» » »	Fr. Barreau *Dominique*		1				1								
	856	» » »	Fr. Garnier *Joseph*		1				1								
	857	» » »	Fr. Sancho *Joseph*		1				1								
	858	» » »	Fr. Demont *Pierre*		1				1								
	859	» » »	Fr. Barba *Firmin*		1				1								
	860	» » »	Fr. Buxons *Martin*		1				1								
	861	» » »	Fr. Ostolaza *Emmanuel*				1		1								
	862	» » »	Fr. Ruedas *Jean*				1		1								
	863	» 18 »	Fr. Gogorza *Vincent*				1		1								
	864	1859 21 sept.	[R. D. Planchet *Benoît*] (b)	1						1							
	865	1860 18 juin	P. Billotet *Edouard*	1						1							
	866	» » »	Fr. Bonacini *Ferdinand*				1						1				
				641	60	50	115	269	104	97	74	62	61	31	28	34	108

Numéro	Naissance — Date	Naissance — Lieu	Entrée — Date	Entrée — Province	Martyre — Détail	Martyre — Lieu	Références
834	1716 10 août	*France*	1734 22 janv.	France	guillotiné	Orange (*Comtat-Venaissin*)	A. F.
835	1737 28 août	Aix (*Provence*)		Toulouse	»	Privas (*Languedoc*)	M. F. II. 116.
836	1735 29 »	Eymoutiers (*Limousin*)	1753 9 sept.	Aquitaine	déporté	Ile d'Aix (*Saintonge*)	W. L. 1897. XXVI. 314.
837	1731 6 janv	*France*	1748 4 nov.	Champagne	»	» »	Pf.
838	1735 4 août	*Saintonge*	1750 13 sept.	Aquitaine	»	Rochefort »	M. F. II. 185.
839	1729 24 juill.	Thionville (*Lorraine*)	1749 10 juin	Champagne	»	» »	Pf.
840	1721 22 fév.	*France*	1741 14 sept.	Aquitaine	guillotiné	Poitiers (*France*)	W. L. 1897. XXVI. 314.
841	1714	»		Champagne	en prison	Rochefort (*Saintonge*)	M. F. II. 185.
842	1721 28 sept.	Morlaix (*Bretagne*)	1739 14 août	France	détenu à l'hôpital de	Vannes (*Bretagne*)	» 237.
843		*France*		Champagne	déporté	Ile de Ré (*France*)	M. F. I. 236.
844		»		»	»	» »	» »
845		»		»	»	» »	» »
846		*Bretagne*		France	»	Villefranche (*Comté de Nice*)	» 547.
847		dioc. de Die (*Dauph.*)		Lyon	en prison	Clermont-Ferrand (*Auvergne*)	» 28.
848	1740 1er mars	Santiago (*Chili*)	1762 17 juill.	Chili	mass. par les révolutionnaires	près Manrèse (*Espagne*)	M. E. III. 413.
849	1799 1er juill	Navalcarnero (*Esp.*)	1817 12 mars	Espagne	»	Madrid »	M. E. II. 396.
850	1803 8 fév	Majorque	» 30 juill.	»	» »	» »	» » »
851	1801 13 jan.	Andalousie »	1819 5 mai	»	» »	» »	» » »
852	1795 26 »	Barcelone »	1817 29 sept.	»	» »	» »	» » »
853	1809 19 mars	Villaréal »	1824 18 mars	»	» »	» »	» » »
854	1807 31 janv.	Aspeitia »	1828 26 août	»	» »	» »	» » »
855	1806 16 avril	Barcelone »	1826 18 avril	»	» »	» »	» » »
856	1810 2 nov.	Palona »	1827 8 janv.	»	» »	» »	» » »
857	1815 18 »	Palma »	» 18 mars	»	» »	» »	» » »
858	1809 26 déc.	près Girone »	» 6 août	»	» »	» »	» » »
859	1812 11 oct.	Valencia de Alc. »	1826 8 janv.	»	» »	» »	» » »
860	1801 22 mars	près Girone »	» 15 juin	»	» »	» »	» » »
861	1796 23 janv.	Guipuscoa »	1825 21 nov.	»	» »	» »	» » »
862	1800 8 mars	Tolède »	1823 29 janv.	»	» »	» »	» » »
863	1809 » oct.	Leiza (*Navarre*) »	1829 » mai	»	» »	» »	» » »
864	1802 24 jan.	Gap (*France*)	1821 31 oct.	Lyon	massacré par les Kurdes	près Souarek (*Mésopotamie*)	Lettres de Mold. 1885. p. 141 et s.
865	1812 3 mai	Villefrançon (*France*)	1843 1er févr.	»	massacré par les Druses	Zahlé (*Syrie*)	Carayon, S. J. : Notice s. 5 Jésuites
866	1840 7 avril	Reggio d'Emilia (*Ital.*)	1826 10 nov.	Rome	» »	» »	» » »

(a) Louis-Marie.
(b) Archevêque de Trajanopolis, délégué apostolique en Mésopotamie.

Page 60

GÉNÉRALAT	NUMÉRO	DATE DU MARTYRE	NOM ET PRÉNOM	DEGRÉ				NATIONALITÉ										NAISSANCE	
				Prêtres	Scholastiques	Novices	Coadjuteurs	Portugais	Espagnols	Français	Anglais	Japonais	Italiens	Polonais	Allemands	Austr.-Hongr.	Divers	DATE	LIEU
			Report :	641	60	50	115	269	104	97	74	62	61	31	28	34	106		
PIERRE BECKXS	867	1860 18 juin	Fr. Jounès *Élie*				1										1		*Liban*
	868	» » »	Fr. Maksoud *Habib*				1										1	1810 27 sept.	Zahlé (*Syrie*)
	869	» 21 »	P. Habeish *Alphonse-Haider*	1													1	1815 31 mai	Ghazir »
	870	» 17 août	P. Massa *Louis*	1									1					1827 3 mars	Naples (*Italie*)
	871	1871 24 mai	P. Ducondray *Léon*	1						1								» 6 mai	Laval (*France*)
	872	» » »	P. Clerc *Alexis*	1						1								1819 11 déc.	Paris »
	873	» 26 »	P. Olivaint *Pierre*	1						1								1816 22 fév.	»
	874	» » »	P. Caubert *Jean*	1						1								1811 20 juill.	»
	875	» » »	P. de Bengy *Anatole*	1						1								1824 19 sept.	Bourges »
	876	1877 17 oct.	[R. D. Lizarzaburu *Jos-A.*] (f)	1													1	1833 23 juin	Quito (*Equateur*)
	877	1880 16 sept.	[P. Terorde *Antoine*]	1											1				*Allemagne*
	878	1883 27 juill.	Fr. Brutail *Martin*			1				1								1819 26 juill.	*France*
	879	» 28 »	P. de Batz *Gaston*	1						1								1836 8 juin	»
ANDERL.	880	1887 6 oct.	Fr. Pastore *Gennaro*				1						1					1863 3 »	Naples (*Italie*)
LOUIS MARTIN	881	1894 10 janv.	P. Amirdanader *Ambroise*	1													1	1843 4 sept.	Karikal (*Indes*)
	882	» 31 »	[P. Czimmermann *Etienne*]	1												1		1849 13 mars	*Autriche*
	883	1895 7 févr.	[Fr. Wigger *Clément*]		1											1		1859 22 sept.	(?)
	884	» 21 mars	[P. Platzer *Joseph*]	1											1			1860 15 nov.	Augsbourg (*Bavière*)
	885	1896 8 juin	P. Berthieu *Jacques*	1						1								1838 26 »	Polminhac (*Cant.-Fr.*)
	886	1897 4 mai	P. Moscoso *Emilio*	1													1	1846 21 avril	
	887	1900 20 juin	P. Andlauer *Modeste*	1						1								1847 22 mai	Rosheim (*Alsace*)
	888	» » »	P. Isoré *Rémi*	1						1								1852 » janv.	Bambecque (*Nord.-Fr.*)
	889	» 20 juill.	P. Mangin *Léon-Ignace*	1						1								1857 31 juill.	Verny (*Lorraine*)
	890	» » »	P. Denn *Paul*	1						1								1847 1er avril	Lille (*France*)
	891	1902 26 avril	P. Lomüller *Victor*	1						1								1852 17 janv.	*Alsace*
			Addendi :																
	892	1589 23 févr.	P. Thoman *Matthias*	1												1		1552	*Autriche-Hongrie*
	893	1616 ?	P. Nunés *Jacques*	1													1		
	894	vers 1620	P. Garcès....	1				1											*Portugal*
	895	1627 ?	Fr. Saduyo *Pierre*		1							1							*Japon*
	896	1633 10 oct.	Fr. ..... *Louis* (j)		1							1							»
	897	1633 ?	Fr. ..... *Rémi*			1						1							»
	898	» ?	Fr. ..... *Laurent*				1					1							»
				668	63	52	120	270	104	110	74	66	63	31	30	37	113		

(a) Près Shanghaï.

(b) Notice sur les cinq Frères Massa (Traduction Le Chauff, S. J. Paris, Retaux, 1892).

(c) Charles DANIEL, S. J. : *Alexis Clerc, Marin et Jésuite* (Paris, Douniol, 1866).

(d) Charles CLAIR, S. J. : *Pierre Olivaint* (Paris, Palmé, 1878).

(e) Pierre LAURAS, S. J. : *Le R. P. Jean Caubert* (Paris, Douniol, 1898).

(f) Evêque de Guayaquil (Equateur). La lettre mortuaire qui le concerne ne parle pas de martyre. Voir toutefois R. P. A. BERTHE : *Garcia Moreno-* Paris, 1887) p. 780 à 787, et D. PÉREZ, S. J. : *La Compania de Jesus en Colombia* (Valladolid, 1897).

Page 61

NUMÉRO	ENTRÉE DANS LA COMPAGNI — DATE	PROVINCE	MARTYRE — DÉTAILS	LIEU	RÉFÉRENCES
867	1856 30 oct.	Lyon	massacré par les Druses	Zahlé (*Syrie*)	Carayon, S. J. : Notice sur 5 Jésuites...
868	1847 24 déc.	»	»	»	»
869	1852 20 juin	»	»	Déir-el-Khamar (*Syrie*)	» »
870	1843 23 janv.	Naples	» par les rebelles	Tsa-ka-Wei (*Chine*) (a)	Sica, S. J. : une famille napolit. p. 112 (b)
871	1852 2 oct.	France	» par les communards	Paris (*France*)	Actes de la captivité et de la mort.
872	1854 28 août	»	»	» »	» (c)
873	1845 2 mai	»	»	» »	» (d)
874	» 10 juill.	»	»	» »	» (e)
875	1845 12 nov.	France	»	» »	»
876	1851 8 juin	Castille.	empoisonné par les révolut.	Guayaquil (*Equateur*)	W. L. 1897. XXVI. p. 314.
877		»	» » Cafres	Batongas (*Zambèse*)	Depelchin (g)
878	1857 28 juin	Toulouse	gardé à vue, affamé	Mananjary (*Madagascar*)	Lett. d'Uclès, 1884 n° 2, p. 38-46. (h)
879	1856 21 août	»	»	» »	»
880	1880 5 janv.	Venise	assassiné par un Turc à Scivocca	près Scutari (*Albanie*)	Lett. de Jersey, 1888. VII, p. 75.
881	1876 3 »	Toulouse	» Indien	Tuticorin (*Inde*)	Lett. d'Uclès, 1894, 2e s. II, 558.
882	1879 24 sept.	Autriche	empoisonné par les Cafres	Zumbo (*Zambèse*)	Lett. de Jersey, 1869, XV. p. 222-223.
883	1878 20 avril	» (?)	»	» »	»
884	1882 14 juill.	Allemagne	»	» »	»
885	1873 31 oct.	Toulouse	massacré par les Fahavalos	Ambohibemasoandro (*Madag.*)	
886	1864 24 avril	»	» révolutionnaires	Riobamba (*Equateur*)	Lett. de Jersey, 1897. XVI, p. 371.
887	1872	Champagne	» Boxers	Ou-i, Tché-li S. E. (*Chine*)	Chine. Ceylan. N. 7 bis Not. juin 1901.
888	1875 20 nov.	»	»	» »	» »
889	» 5 »	»	»	Tchou-Kia-ho »	N° 8 bis Notice.
890	1872 6 juill.	»	»	» »	»
891	1884 3 avril	»	»	Tchang'Kia-Tchoang »	Chine. Ceylan. Madag. déc. 1902, p. 267
892	1572	Autriche	déporté, maltraité	Transylvanie	M. G. A. I. 171.
893			traîné en esclavage	Birmanie	M. P. I. 376.
894				Madagascar	Lett. d'Uclès, 1887. Suppl. p. 6 : (i)
895		Japon		Arima (*Japon*)	C. S. p. 38, 39,
896		»		Nagasaki »	
897		»	dans la fosse	Japon	Bartoli (k) V. 58.
898		»	»	»	»

(g) H. DEPELCHIN, S. J. : *Trois ans dans l'Afrique australe* (Bruxelles, 1883), p. 247 à 254.

(h) Cf. également : L. E. LOUVET : *Les Missions catholiques au XIX* siècle (Desclée, Lille, 1895) p. 470.

(i) Cf. *Mémoires de la Congrég. de la Mission,* t. IX, p. 22, 23.

(j) Ne semble pas être la même que Louis Cafucu (n. 300 de la présente liste).

(k) D. BARTOLI, S. J. : *Giappone* (Turin, 1825).

GÉNÉRALAT N°	DATE DU MARTYRE	NOM ET PRÉNOM	Prêtres	Scholastiques	Novices	Coadjuteurs	Portugais	Espagnols	Français	Anglais	Japonais	Italiens	Polonais	Allemannds	Austr.-Hongr.	Divers	NAISSANCE DATE	NAISSANCE LIEU
		Report :	663	63	52	120	270	104	110	74	66	63	31	30	37	113		
899	1634 8 avril	P. Sybold *Michel*	1											1			1574	*Allemagne*
900	1636 ?	P. Rançonnier *Jacques*	1						1								1600	*Flandre*
901	1657 18 août	P. Branscensis *Séverin*	1										1				1572	*Portugal*
902	1658 ?	P. Caldeyro...	1												1			*Podlachie*
903	1672 8 oct.	Fr. **Todt** *Grégoire*				1	1										1613	*Autriche-Hongrie*
904	1702 18 »	P. **Zapolski** *Jacques*	1										1				1667	
905	vers 1755	P. **Strada** *Dominique*	1													1		
906	1764 ? mai	Un Père inconnu	1													1		
907	» ? »	»	1													1		
			671	63	52	121	271	104	111	74	66	63	33	31	38	116		

(ª) En haine de la chasteté. — Maurice THOMANS... *Reise und Liebensbeschreibung.* (Ausgburg, 1788).

N°	ENTRÉE DANS LA COMPAGNIE — DATE	PROVINCE	MARTYRE — DÉTAILS	LIEU	RÉFÉRENCES
899	1602		flagellé par les Suédois	Altkirch (*Alsace*)	M. G. A. I. 325.
900			empoisonné (?)	Itatines (*Paraguay*)	M. G. B. I. 489.
901	1592		à coups de crosse de fusil	Rawa (*Pologne*)	M. G. B. II. 149.
902			décapité par les Hollandais	Jafna (*Ceylan*)	Z. 231.
903	1641	Autriche	des suites de traitements barbares	Tallya (*Hongrie*)	M. G. A. II. 275.
904	1683		sous les coups des Cosaques	Niemenwiec (*Pologne*)	M. G. B. II. 339.
905			assassiné par des matelots (ª)	Entre Goa et l'Afrique	Maurice Thoman
906			déporté en mer	En face de l'Afrique australe.	Colombel (ᵇ)
907			» »	» »	»

(ᵇ) Aug. M. COLOMBEL, S. J. : *Hist. de la Mission du Kiang-Nan*, 2ᵉ partie, p. 807.

CLASSEMENT

PAR NATIONALITÉ

Portugais	271
Français	111
Espagnols	104
Anglais et Irlandais	74
Japonais	66
Italiens	63
Austro-Hongrois	38
Polonais	33
Allemands	31

Divers
Belges-Flamands	15	
Américains du Sud	15	
Mexicains	13	
Hollandais	6	
Syriens	4	
Chinois [1]	4	67
Tonkinois	4	
Coréens	2	
Philippins	2	
Ethiopien	1	
Hindou	1	
Natonalité inconnue ou indéterminée	49	

116

907

1. Ou nés en Chine.

CLASSEMENT

PAR LE LIEU DU MARTYRE

Amérique du Nord

Canada-Louisiane. . . .	22	
Antilles	3	
Mexique-Californie . . .	42	76
Floride	9	

Amérique du Sud

Pérou-Equateur	14	
Brésil-Guyanes	32	
Paraguay-Uruguay . . .	28	97
En mer	11	
Divers	12	

Afrique

Ethiopie.	13	
En mer	55 [1]	94
Divers	26	

Europe

Angleterre	71	
France	65	
Espagne.	21	
Portugal	90	
Allemagne	23	343
Autriche-Hongrie . . .	23	
Pologne	31	
Divers	19	

Asie

Indes [2]	42	
Indo-Chine	27	
Chine	32	
Japon.	111	248
En mer	24	
Divers	12	

Océanie

Philippines.	25	
Mariannes	13	49
Divers	11	

Récapitulation

Amérique	173
Afrique	94
Europe	343
Asie	248
Océanie	49
Total :	907

1. Suivant l'exemple du P. Tanner, nous comptons ici le B. Ignace d'Azevedo, le V. P. Pierre Dias, le V. Fr. A. Fernandez et tous leurs compagnons.

2. Hindoustan et Ceylan.

INDEX ALPHABÉTIQUE

CONTENANT TOUS LES NOMS CITÉS DANS LA LISTE CHRONOLOGIQUE

ET DANS LES APPENDICES, AINSI QUE LES PRINCIPAUX ALIAS,

PSEUDONYMES, SURNOMS, ETC.

1º Les pseudonymes, surnoms et noms d'emprunt, ainsi que les doubles noms sujets à confusion, sont en italiques.

2º L'usage des particules nobiliaires étant sujet à de nombreuses variations, nous avons considéré, pour le classement alphabétique, ces particules comme faisant partie du nom.

Exemples : **D'Abreu**   cherchez à D

De la Borde   —   D

Le Bansais   —   L

Van Spiere   —   V   etc...

3º Les numéros mis en face des noms renvoient à la Liste Chronologique.

ÉPHÉMÉRIDES

(Classement par mois et par jour)

N. B. Au moyen de cette Liste et des Références qu'indique la Liste Chronologique, il serait possible de faire, chaque jour, une lecture spirituelle sur un de nos martyrs.

1°) Les numéros mis en face des noms renvoient à la Liste chronologique.

2°) Pour les Bienheureux, le jour de la fête ne coïncide pas toujours avec le jour de la mort. C'est ce dernier que nous avons mis sur cette Liste. Nous croyons utile, toutefois, de rappeler ici les jours de fêtes :

Février   5   *SS. Paul Miki, Jean de Goto et Jacques Kisai.*

—   11   *B. Jean de Britto.*

—   15   *B. Jean-Baptiste Machado.*

—   21   *B. Didace Carvalho.*

Mars   1ᵉʳ   *BB. Michel Carvalho, Denis Fugixima et Pierre Onizuki.*

—   14   *B. Léonard Kimura*

Mai   23   *B. André Bobola.*

Juin   20   *BB. François Pacheco, Balthazar de Torres, J.-B. Zola, Pierre Rinxéi, Vincent Caun, Jean Kisaco, Paul Chinsuki, Michel Tozo, Gaspard Sandamatzu.*

Juillet   15   *BB. Ignace d'Azevedo et 39 Compagnons.*

—   27   *BB. Rodolphe Aquaviva, Pierre Berna, Alphonse Pacheco, Antoine Francisco et François Aranha.*

Sept.   3   *B. Antoine Ixida.*

—   6   *BB. Thomas Tzugi et Michel Nacaxima.*

—   7   *BB. Étienne Pontgratz et Melchior Grodecz.*

—   11   *BB. Charles Spinola, Sébastien Kimura, Gonzalve Fusai, Antoine Kiuni, Pierre Xampo, Michel Xumpo, Jean Tchongocu, Jean Acafoxi, Louis Cavara.*

Oct.   12   *BB. Camille Costanzo et Augustin Ota.*

Nov.   1ᵉʳ *dimanche après la Toussaint : Tous les Saints de la Compagnie de Jésus.*

Déc.   1ᵉʳ   *BB. Edmond Campian, Alexandre Briant, Thomas Woodhouse, Jean Nelson, et Thomas Cottam.*

—   5   *BB. Thomas de Angelis et Simon Yempo.*

Gaston de Batz.   879
29 ....
30 ....
31 Nicolas Keyan-Fucunanga. . .   291

Juillet : jour inconnu :

Pierre Marquez et 4 C.   375-379
Pierre Coomans   538
Claude-François Virot   623

Août

1er Georges Schonberger   407
     Georges Konig.   483
2 Gilbert-Isaac Macusson. . . .   837
3 Briant Cansfield   393
4 Maurice de Serpa.   95
   Antoine Bellavia   292
   Jean Hudd   428
5 François Carrion   115
6 ....
7 André Hreczyma.   469
8 Casimir Gosewski   454
9 Matthias Burnatz.   278
10 Augustin Ota   226
    René Ménard   477
    Emmanuel Ferreira   645
11 Matthieu Grimes-Bazire. . . .   439
    François da Costa   727
12 ....
13 ....
14 ....
15 Jean de la Garde   240
    Joseph Ferreira   646
    Joachim Barretto.   734
16 Antoine de Vasconcellos et 3 C   293-296
    Jean Bath   429
17 Antoine Eruaso   702
    Louis Massa   870
18 Metello Saccano   478
    Jean Mouraò   595
    Séverin Branscensis.   901

20 Joseph de Rocha   764
    Michel Luchet de la Mothe . .   838
21 Jean de Sequeira.   553
22 Nuno Ribeyro.   2
23 Sébastien Rasles   593
24 Jacques Jursa   542
25 Pierre Brillmacher   132
    Michel de Urréa   139
    Michel Carvalho   247
26 Jean Villar   588
27 David Lewis   516
28 Antoine Giannoni.   297
29 Jean Kidera   298
30 Léonard Garreau.   463
31 ....

Août : jour inconnu :

Fin du mois :
    Emmanuel Monis et 2 C. .   430-432
    Augustin Strobach et 1 C. .   532-533

Septembre

1er Thomas Riocan et 2 C. . .   299-301
     Nicolas Pereira et 2 C. . .   763-765
2 Benoît de Païva   647
   Lucas Merino   746
   Vincent Le Rousseau et 13 C.   804-817
3 Antoine Ixida   288
   Joachim Carvalho.   735
   Alexandre de Rappicaneis. . .   747
   René-Marie Andrieux et 6 C.   818-824
4 Joseph Pedemonti   716
   — Rondero et 2 C. . .   748-750
   François Le Livec de Trézurein   825
5 Alexandre Lanfant   826
6 Sébastien de Monroy   500
7 Melchior Grodecz.   214
   Thomas Tzugi.   265
   Edmond Arrowsmith   266
   Pierre Theodoro   648
   François Hlawa   771

MOIS ET JOUR INCONNUS

APPENDICE I

LISTE DES PÈRES ET FRÈRES

QUE NOUS AVONS RETIRÉS DES LISTES ANTÉRIEURES,
AVEC INDICATION DE LA RÉFÉRENCE QUI JUSTIFIE CE RETRAIT

DATE DE LA MORT	NOMS ET PRÉNOMS	RÉFÉRENCES
1556 ?	P. Fernandès *Antoine*	ORLANDINI, S. J. : *Hist. S. J.* (Anvers, 1620), p. 363 [1].
» ?	P. de Beira *Jean*	»　　　　　»　　　　　»　　　　p. 413 [2].
1581 1er déc.	P. Bosgrave *Jacques*	FOLEY. *Collectanea*. I, 73.
1595 ?	Rawlins *Alexandre*	»　*Records*. Séries V à VIII, p. 6, 7, 13, 767 [3].
1604 7 mai	Fr. Grosso *Sylvestre*	M. I. I. 534 (simple assassinat).
1612 27 juillet	P. Léonius *Guillaume*	PATRIGNANI, S. J. : *Menologio*, 27 Luglio.
1615 fin août	Fr. Fernandès *Sébastien*	M. P. II. 188.　　　　　　　　　　[p. 322 [4].
1629 ?	P. de Leiva *Simon*	J. CORDARA, S. J.: *Hist. S. J.*, pars VI (Rome, 1859)
1641 3 déc.	P. Percy *Jean*	FOLEY. *Collectanea*, I. 586 et *Records*, I, 521
1645 31 »	P. Kray *Georges*	M. G. A. II. 526 (simple assassinat).
1646 8 janv.	P. Guillier *Denis*	*Litt. ann. Lauretanæ*, 1646. (Arch. Rom.).
1667 29 janv.	P. Kaweczinski *André*	PATRIGNANI, S. J. *Menologio*, 29 Gennaio.
1675 18 juin	P. Poncet *J.-Antoine*	M. F. I. 754 et *Arch. France* [5].
1792 2 sept.	P. Bernoud *Jules*	
» » »	P. Rouchon *Joseph*	*Arch. France* [5]
» » »	P. Grasset *Bernard*	
» » »	Gaultier *L.-Laurent*	
1847 19 janv.	P. Rey *Antoine*	*Woodstock. Letters*, t. XVI. (1887), p. 226.
1862 4 mars	P. Vuillaume *Victor*	*Arch. France* [4].

1. Le P. Antoine Fernandès mourut dans un naufrage près d'Amboine (*Moluques*).

2. Cf. également : Léon PAGÈS : *Lettres de Saint François-Xavier* (Paris, 1855), t. I. *Vie du Saint*, p. LVIII, LXIX, CXXXII ; et *Lettres*, t. I, p. 191 et t. II, p. 26. — CROS, S. J. : *Saint François de Xavier*, (Paris-Toulouse, 1900), t. I, 317.

3. Cf. Infra : Appendice II.

4. Comme beaucoup d'autres aumôniers militaires, tué dans l'exercice de son ministère mais non en haine de la foi (comme le furent au contraire les PP. de Serpa, Monclaro, Lopez, König, etc...).

5. *Archives de la Province de France* : Notes ayant servi à la composition du présent ouvrage.

APPENDICE II

POSTULANTS ANGLAIS

Nous n'avons pu compter comme appartenant à la Compagnie un certain nombre de Martyrs anglais qui avaient sollicité leur admission, et que la difficulté des communications avec les Supérieurs ou la rapidité imprévue de leur exécution empêchèrent de devenir, de fait, enfants de Saint Ignace. Nous nous en voudrions, cependant, de passer leurs noms sous silence, au moins pour ceux dont les désirs sont affirmés par des documents écrits. Nous reproduisons donc ici (après en avoir retiré les Hôtes de la Compagnie et ceux sur qui les documents ne sont pas assez explicites), la liste publiée en 1887 par les *Letters and Notices*.

Pour les détails, cf. *Letters and Notices*, n° xcii, june 1887, p. 83.

B. **Hart** *William*	prêtre	pendu à York		1583 15 mars
V. **Haydock** *Georges*	»	»	Londres (*Tyburn*)	1584 12 févr.
V. **Hemerford** *Thomas*	»	»	» »	» » »
V. **Lowe** *John*	»	»	» »	1586 8 octobre
V. **James** *Edward*	»	»	Chichester	1588 1er »
V. **Osbaldiston** *Edward*	»	»	York	1594 16 nov.
V. **Rawolins** *Alexander*[1]	»	»	»	1595 7 avril
V. **Rihby** *John* [2]	laïc	»	Londres (St-Thomas'Waterings)	1600 21 juin
V. **Sprott** *Thomas* [3] .	prêtre	»	Lincoln	» (?) juillet
V. **Morgan** *Edward*	»	»	Londres (*Tyburn*)	1642 26 avril
V. **Goodman** *John*	»	mort en prison à Londres (*Newgate*)		1645 (?)

1. Cf. Supra : Appendice I.
2. Cf. FOLEY. *Collectanea*, II, 964.
3. Cf. FOLEY. *Collectanea*, II, 966.

INDEX GÉNÉRAL

Le manuscrit du présent ouvrage, ainsi que les documents annexes (Notes, correspondance, etc...) seront déposés aux Archives de la Province de France.

Imp. M.-R. LEROY, 185, rue de Vanves. Paris.

ERRATA

Page		Au lieu de :	Lire :
14 (colonne 3, n° 109)		1535	1585
15 (colonne 4, n° 130)		»	York
21 (note e)		Charles d'Orléans	Pierre d'Orléans
80 (colonne 2, ligne 17).		Gimmermann	Czimmermann

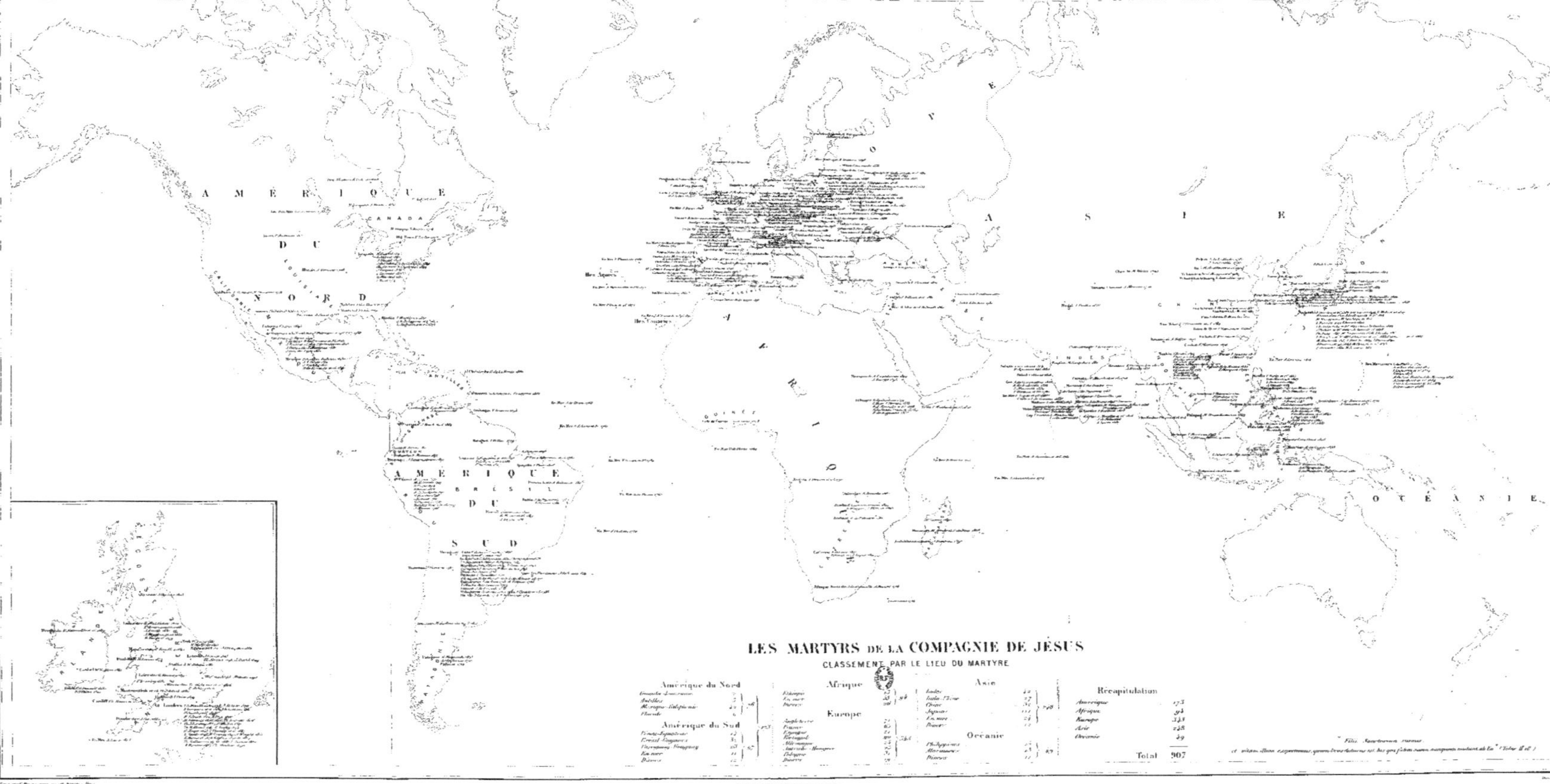

AMÉRIQUE DU NORD
CANADA
DU NORD
AMÉRIQUE DU SUD
BRÉSIL
DU SUD
EUROPE
ASIE
CHINE
INDES
AFRIQUE
GUINÉE
OCÉANIE

LES MARTYRS DE LA COMPAGNIE DE JÉSUS
CLASSEMENT PAR LE LIEU DU MARTYRE

Amérique du Nord
Afrique
Asie
Récapitulation

Amérique du Sud
Europe
Océanie

Amérique   173
Afrique   93
Europe   328
Asie   258
Océanie   49

Total   907